FX市場を創った男たち

外国為替市場の歴史と
ディーラーたちの足跡

小口 幸伸

Pan Rolling Library

はじめに

昨年の春、新聞社から電話があった。１９９５年の超円高のときのことを聞かせてほしいとのことだった。その記者は、そのときを日本経済の転機ととらえており、特集を計画していた。大田区の町工場では、それを境に大きく体質が変わったという。

そこで実際に、市場はどんな感じだったのか、人々はどう考えていたのか。市場にかかわった人に当時のことを聞こうとした。だが資料や関係者がなかなか見つからなかった。見つかったと思っても、満足する答えを得られなかった。そして私に連絡が来た。

外国為替市場で変動相場制が始まってから、35年が経つ。一つの仕事を始めた人が引退するような時間の長さだ。外為市場の世界でも、古い人は引退したり、亡くなった方もいる。当時のことを知り、現役で闘っているディーラーも少なくなった。

彼らの貴重な経験や市場の記録を、鮮度の高いまま残す必要があると思った。

そこで東京市場で長い間、為替ディーリングに携わってきた人々に、話を聞くことにした。幸いなことに私も70年代から市場で生きてきた。多くのディーラーの実績や評判も、ある程度把握しているつもりだ。今回話を聞いた人は皆、外為市場で真剣に闘い抜いて生き残った人々だ。

この世界で、数十年も生き抜くことはたやすいことではない。

実績を残さなければ、本人に意欲があっても市場からの退出を余儀なくされる。またディーリングで全戦全勝はありえない。どんな実績を誇るディーラーでも、必ず苦境に陥るときがある。そんなときに耐え抜く忍耐力や、そこから脱出する知恵、そして多少の幸運も必要になる。それに24時間市場を戦い抜く体力も備わっていなければならない。このように長く市場で生きていることはそれ自体、そのディーラーが平凡でないことの証明だ。

その点で、ここで取り上げた人々は、東京市場の代表的なディーラーである。市場はディーラーたちが売買することで成り立っているネットワークだ。だから彼らは「市場を創った人々」とも言える。

もちろん彼らだけが代表的なディーラーではない。ここで取り上げなかったディーラーの中にも、彼らに勝るとも劣らない人々がいる。人数の制限や、経験が重複するという点で取り上げなかっただけだ。また私の知らない優れたディーラーもいることだろう。

ただ確かなのは、ここで取り上げた人々は、市場の歴史のそれぞれの局面で、正面から相場に取り組み、市場に翻弄されながらも、そこを生き抜いてきた。そこで展開された相場の動きや、そこでディーラーとして何を考え、いかに行動したかを知ることは、市場に関心を抱く一般的な人はもとより、プロのディーラーや、最近増加が著しい為替取引をする個人の方にも大いに参考になると思う。

インタビューで一番気をつけたことは、話し手の事実の脚色と、自己正当化をできるだけ防ぐことだ。自分でもそうだからよく分かる。

ディーラーは、さまざまな情報に基づいて、相場展開のシナリオを作る。それが納得できるものであれば、そのシナリオに基づいてポジションを持つ。だから相場展開にストーリー性を持たせる癖がついている。それが客観的でなくても、相場がそのシナリオに沿った形で動けばいいのだ。特に古い記憶であればあるほど、ストーリー性が濃くなりすぎて事実の色が薄くなりがちだ。私が聞き手である最大の利点は、同時代の相場を経験しているので、事実の色を濃くできることだ。

自己正当化も、そうしなければ、厳しい市場で簡単に自分を見失ってしまう。自己正当化の碇《いかり》を下ろすことによって、市場の荒波の中にある潮流の勢いや、方向性を把握できるという面があるのだ。だからディーラーの話が自己正当化になりがちなことを、私は非難するつもりはない。だが、今回の記録を残す目的からすると、自己正当化は廃し、公平な事実を語ってもらわなければならない。そうした質問は、時に彼らを不快にさせるだろうが、それは許してもらうしかない。

縦軸に東京市場の歴史を、横軸にディーラーの格闘を織り交ぜたこの本が、これから為替に携わる人の手引きとして少しでも役立つことになれば、ここで取り上げた人も、私の無礼な質問を少しは許してくれるのではないだろうか。

なおこの本は「市場を創った男たち」の紹介と「市場での人々の役割と相場形成」の２部から構成されている。第１部は各論で、第２部は総論というか一般論だ。

メインはもちろん第1部である。だが、どちらから先に読んでもかまわない。第2部は私の見解なので、各論でそれぞれのディーラーが主張した点と、必ずしも一致しない部分もある。それもまた市場の特徴である。

ディーラーたちへの質問について

各ディーラーたちへは、おおむね同じ質問をした。ただし質問の受け取り方や応え方はそれぞれである。その質問は次のとおり。

——印象に残っている局面はどれか
——そのときどう考え、どう対処したか
——ディーリングの方法はどのようなものか
——それは自分のキャリアのなかで変化したか
——ディーリングで最も重要視していることは何か
——勝つために必要なことは何か

――やってはいけないことは何か
――後悔していることは何か
――窮地に陥ったことはあるか
――そのときどう対処したか
――良いディーラーの条件とは何か
――長くディーリングをやる秘訣は何か
――相場から学んだこと
――市場は時代とともに変わったと思うか

質問のなかには内容的に重複しているものもある。しかしこれは、なるべくいろいろな角度から、その人の考えや、方法に接近したいがためだ。話の展開のなかで、上記以外の質問もした。その人の経歴に合わせて、必要な質問とそうでない質問もあるからだ。いずれにせよ、本音を引き出すことに注力した。

ディーラーは本来、ディーリングで答えを出すもので、彼らの真の姿を知りたければ、ディーリングルームに行って、実際に彼らがディーリングをしているのを見るのが一番だ。それも1日ではなく、数週間。しかしそれは不可能なので、今回の方法をとった。

それぞれのディーラーはとても個性的で、実績のある人たちだ。それ故プライドもある。質問は時に彼らのプライドを切り裂いた。誰も窮地に陥ったことや後悔したことを記憶の中から呼び起こしたくない。それも、根掘り葉掘り聞かれるのだ。「そこをもっと具体的に」「その点をもっと詳しく」――などと。

本文は、こうした質問とそれらに対する答えをそのまま記載するのではなく、私が整理した。重複したり、ある質問には口数が少なく、ある質問には饒舌だったりしたからだ。業界内でしか通用しない言い回しや表現もあった。それに明らかな記憶違いや誤解もあったからだ。

ただ、できるだけ生の声を伝えるように心掛けた。そのため多少の矛盾や記憶のあいまいさがあっても、それらは採り入れた。そのほうが当人の個性や考え方が一層表現できると思うからだ。そうすることによって、その人物の実績や信頼性が損なわれることはないと信じている。

ディーラーの人選について

これまで東京市場で活躍した為替ディーラーは何人いるだろうか。日本に拠点を置く金融機関の数を100として、そこに所属するディーラー数の平均を5人、彼らの平均活動年数を5年と仮定する。変動相場制以降35年経つが、100の金融機関が本格的に活動を始めた年を77年とすれば、ちょうど30年の活動期間になる。するとこれまで3000人の為替ディーラーが、東京市場にいたことになる。非金融機関のディーラーも考慮すれば、その数はさらに増える。

いずれにせよ、数千人の中から、今回の本の趣旨に合った人を探すのは容易ではない。しかもその人選がこの本の信頼性を大きく左右する。

そこで何人かの業界関係者に、ふさわしい人を推薦してもらった。ところが、これが千差万別。それぞれが市場で評判の高い人を挙げたものの、評判と実績が全く違う人、現役のときは凡庸なディーラーなのに、いつの間にか〝カリスマディーラー〟

になっている人など、評判の持つ危うさを認識した。

そこでいくつかの客観的条件を設定することにした。第一に、市場で20年以上の経験があること。20年間続けることは、実績を伴わなければ不可能な時間の長さだ。

第二に、定年退職の場合は別として、現在あるいは最近まで為替ビジネスにかかわっていること。市場の変遷のなかで、その人の考えや方法がどのように変化してきたかを、今日までの流れとしてとらえたいからだ。

第三に、リスクを取る業務に従事していること。為替業務のなかでもセールスやアナリストなど、リスクを取らない分野もある。それらも重要な仕事ではある。しかし、市場の本質は、リスクを取らないと理解できない。

こうした条件下では、日本の金融機関などのディーラーは対象から外れてしまう。ディーラー職もローテションの一環で、長く専門的にやらせることが少なかったからだ。どうしても外銀経験者が多くなる。

ここで取り上げた人の多くは、自分でリスクを背負い、20~30年のキャリアがある。他の条件もほぼ満たしている。

「リスクを取る業務」という条件で、やや経験が十分でないかもしれない福住を取り上げた理由は、東京市場を「ナイト」という違った立場から見てきた専門家だからだ。また、舟木を取り上げた理由は、海外の市場から日本を見てきた先駆者として、東京市場を包括的にとらえるのに有効だと思ったからだ。ただリスクを取る経験にしても、市場で屈指の経験を持つ他のディーラーとの比較である。二人とも市場の一般的な水準は、はるかに超えている。それに総合的な経験の点では、けっして見劣りしない。

一人だけ例外がある。経験の浅い杉山を取り上げた理由は、２０００年以降の東京市場の特徴である、個人の市場参加者が台頭するありさまを、とどめておきたいためだ。

インタビューは07年の3月末から7月にかけて行われた。サブプライムローン危機が市場で大きく騒がれる前だ。ただし杉山のインタビューだけは08年1月に行った。

【目次】

第1部　そのとき何を考え、どう反応したか

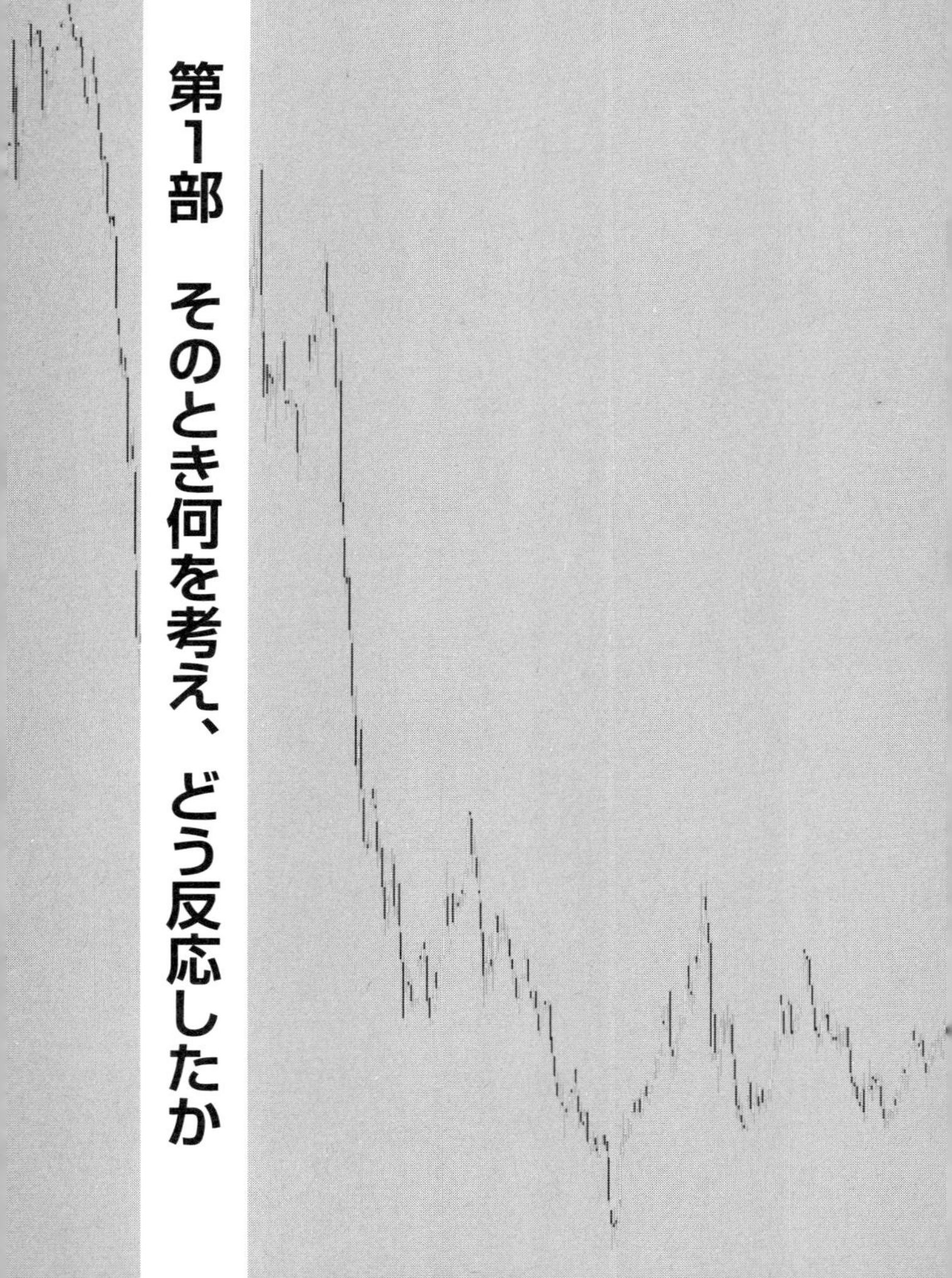

1. 久保田進也
固定相場制から変動相場制へ
――情報収集を戦略化する

久保田進也（くぼた・しんや）……１９３７年生まれ。伊藤忠商事で外国為替業務に従事。

商社は輸出、輸入業務に携わることから外貨の売買の必要性が生まれ、外為市場では早くから主要な市場参加者であった。特に貿易収支の動向が為替レートに強く影響していた時代、商社は外為市場で最も影響力のある市場参加者の一つであった。

朝令暮改

久保田は日に焼けた顔をほころばせながら淡々と語る。眼鏡の奥の目を細めながら、記憶の中の興奮を静かに手繰り寄せる。

私がシティバンクにいたとき、久保田に為替取引で最も大事なことは何か聞いたことがあった。

「朝令暮改ですよ」

久保田が早口でサラッと言ったことを今でも覚えている。自分の考えに固守してはいけない。市場の声に素直に反応する。こうしたことは分かったつもりでも、なかなか実行できないものだ。まして大商社の為替部門のヘッドとなれば、自らの相場観を簡単には変えられないものだ。そのこだわりのなさが久保田のスタイルだ。

世界ツアー

久保田は情報収集に並々ならぬ力を注いだ。市場の声に柔軟に反応するためだ。毎年2月になると、海外支店のスタッフと共に世界中の銀行を訪問した。1カ月で120行ほど回った年もあった。朝から晩まで、ランチもディナーも、各銀行のディーラーたちと意見交換をした。その中にはニューヨーク連銀や、イングランド銀行、ドイツのブンデスバンクなどの中央銀行も含まれていた。

世界のディーラーたちは11月後半から12月前半にかけて、普段取引している外国のディーラーを訪問することが多い。1年間の仕事の成果もほぼ固まり、普段直接顔を合わせることのない相手に、挨拶がてら意見交換をするのだ。ディーラーにとって休養も兼ねた出張の色彩が強い。

だが久保田たちの出張は違う。2月という時期がそれを物語っている。

「新しい年がスタートしたばかりで、皆意欲に燃えている。1カ月たって、新しい年の市場の感触も分かってくるころでね。真剣な相場観を聞ける。それにこの時期に海外出張するディーラーはいないので、会いたい人に確実に会える。これが大きい」

久保田は情報に時間とお金を惜しまない。そうして得た情報と相場観を伊藤忠の為替取引の方針に反映させた。

国際通貨体制の動揺

1966年、久保田（当時28歳）は伊藤忠商事ニューヨーク現地法人財務部門に赴任した。商社では貿易や投融資業務などを通じて、為替や金利動向が決定的な影響を及ぼす。金融関係情報の収集はその要だ。

久保田が世界の外国為替市場の中心地ニューヨークで外国為替担当となったのは、世界がポンド危機で揺れた翌年の68年だった。第二次大戦後、1ポンド4ドルで固定されていた為替レートは、49年にポンドが30％切り下げられて1ポンド2・8ドルに下落していた。それでも英国経済の長期低落傾向は変わらず、市場でのポンド売りは激しさを増し、67年に再び切り下げを余儀なくされたのである。ポンドはその後2・4ドルレベルで推移することになった。

当時の国際通貨体制では、すでにドルが中心になっていたものの、ポンドも依然として国際通貨であった。そのポンドの価値が動揺することは、国際通貨体制の動揺でもあったのだ。

久保田はこうした通貨をめぐる世界情勢を毎日、本社に報告していた。米国はベトナム戦争での多額の出費などで、ドル価値を保証するための金の流出に見舞われていた。こうした状況下で、米国から欧州への資金の流出も増加した。それに対して米国政府は、国外への資金流出を防ぐため、利子平衡税を課した。

「71年の5月ごろから、きな臭さを感じていましたね。何か大きな変化が起こるだろう。予感とでもいいますか。ドル相場を維持するのは難しいとの思いでした。それでドルのポジションをヘッジすることを考えました」

ニューヨークタイムズ社に走る

71年8月15日、ニクソン大統領は声明を発表する。「ドルと金の交換を断つ」という内容だ。いわゆるニクソンショック。

「ちょうどその日、自宅でニクソンの演説をテレビで見ていました。会社の同僚を招いて自宅で食事をするつもりでね。途中で事態の深刻さに気づいた。それで同僚には帰ってもらいました」

「ことが重大なので、聞き違いがあってはいけないと思い、内容を確認するため、ニューヨークタイムズの早刷りを手に入れようと思ったわけ。近くでは手に入らなかったので、自宅から40分ほどのマンハッタンにあるニューヨークタイムズの本社まで急ぎました」

久保田はそこで確認した内容を本店や海外の支店に流した。

米国は1オンスの金を35ドルで外国の求めに応じて交換していたが、それを停止する。各国の通貨はドルと一定の為替レートを維持することによって、金の価値に裏付けられていたが、ドルと金の交換停止によって、各国通貨も金の裏づけを失った。

為替レートは、これまでの固定相場制から、市場の需給によって為替レートが決定される変動相場制に入る。

ヘッジ売り

「これまでと全く違う世界が広がった。とにかくできるだけドルを売らなければならない。商社は輸出でドル建ての債権を抱えているので、その部分は速やかに売らなければならない。ヘッジ売りです。当時は実需原則（為替取引は商業取引の裏づけが必要）があったので、実際の輸出額以上のドルを売ることはできません。ただ将来の契約の部分も実需と考え、ヘッジ売りを進めました」

ニクソン声明後、各国の外為市場は閉鎖された。市場の混乱を避けるためだ。どんな為替レートになるか分からないからだ。ただ東京市場だけは開いていた。これは久保田にとって幸いだった。他の商社にとっても同様だ。彼らは市場が開いている間にできるだけ多くのドルを売った。東京市場はニクソン声明の1週間後、ようやく閉鎖された。

この政府の措置に対しては批判も起きた。商社に代表される輸出業者に対する補助金ではないか。すでにドル価値は下落しているはずなのに、この間、日銀は固定相場のレート（1ドル360円を中心に上下0・75％以内の変動幅）で、商社などが売ったドルを買い支えたからだ。

錯綜する情報

各国の外為市場は、閉鎖後1週間ほどで再開された。市場は手探り状態であった。

「このときから毎日が緊張の連続だった。変動相場制が継続するのか、固定相場制へ復帰するのか。その場合、新しい為替レートはいくらに決定されるのか。円は360円から何%切り上がるのか。いろんな情報が交錯する日々でね」

「こうした情報を本社に正確に伝えなくてはいけない。間違った情報で会社が方針を決めれば、大きな損失を被ることになる。こうしたプレッシャーは12月のスミソニアン会議まで続きました」

世界の通貨当局者がワシントンにあるスミソニアン博物館に集まり、そこで新たな為替レートを決めた。固定相場制に復帰したのだ。いわゆる「スミソニアン体制」である。ドルは金に対して切り下げられ、金1オンスは35ドルから72ドルになった。ドル円の為替レートは1ドル308円になった。

72年、久保田は東京本社の為替予約課に転勤になる。

営業部門から報告される輸出、輸入のポジションを把握して、タイミング良く為替の先物予約を入れることが主な仕事だ。輸出為替のヘッジ売りの場合、ドルが先行き下がると思えば早めに先物でドル売り予約を行い、ドルが先行き上昇傾向をたどると判断すれば、ドル売りの時期はできるだけ遅らせる「リーズアンドラグズ」

の手法だ。

スミソニアン体制は短命だった。ドル売り圧力は変わらず、新たに決めた為替レートを維持することも困難になった。73年2月、円も変動相場制に移行することになった。ドル円は270円台になっていた。以降、第一次オイルショックもあり、ドルが戻す局面もあったが、大局としては70年代を通じてドルは下落トレンドにあった。

しかし、だからといってドルを売っていれば、それで済むというわけではなかった。実際の相場はドルが急激に上昇する局面もあり、ドルを売って巨額の損失を計上する銀行もあった。逆に、ドルの上昇を見込んでドル買いポジションを持ち続け、巨額な損失を被った銀行も出た。この時代の値動きは激しく、ドル円で1円や2円は、毎日動いた。

クライン教授の話

久保田は最も印象に残っている局面として76年後半の相場を挙げる。

「(76年の) ドル高地合の相場のとき、カーター大統領のブレーンになる人たちの話が新聞や雑誌に載るようになりました。彼らはドル安政策を主張したのです。もっともそのときは、彼らが大統領のブレーンになることを知りませんでした」

そのなかの一人、ローレンス・クラインは米国の計量経済学者で、経済モデルを経済予測に利用する道を開いた。80年にはノーベル経済学賞を受賞している。その後も活躍を続け、90年代の米国経済の復活にも大きな影響を与えた人物だ。

「彼らの話には説得力があり、私はドルの売り持ちを作りました。そのときのトレンドとは逆行する逆張りです。しばらくはアゲインストが続きましたね。ドル円は285円あたりから295円近辺まで上昇する過程でした」

「その間も売買を繰り返しましたが、売り持ちポジションは持ち続けました。295円あたりをピークにドルは落ち始め、2年後の78年にドルは180円台まで下落しました。そこでポジションを閉めました」

ドルはカーター大統領が就任した77年から下落傾向を鮮明にし、78年になると下落のスピードを増した。ドル円は年初の240円台から7月には200円を割り、10月には180円も割れる相場展開になったのだ。

ドル円直物月足（1973年1月～1979年12月）

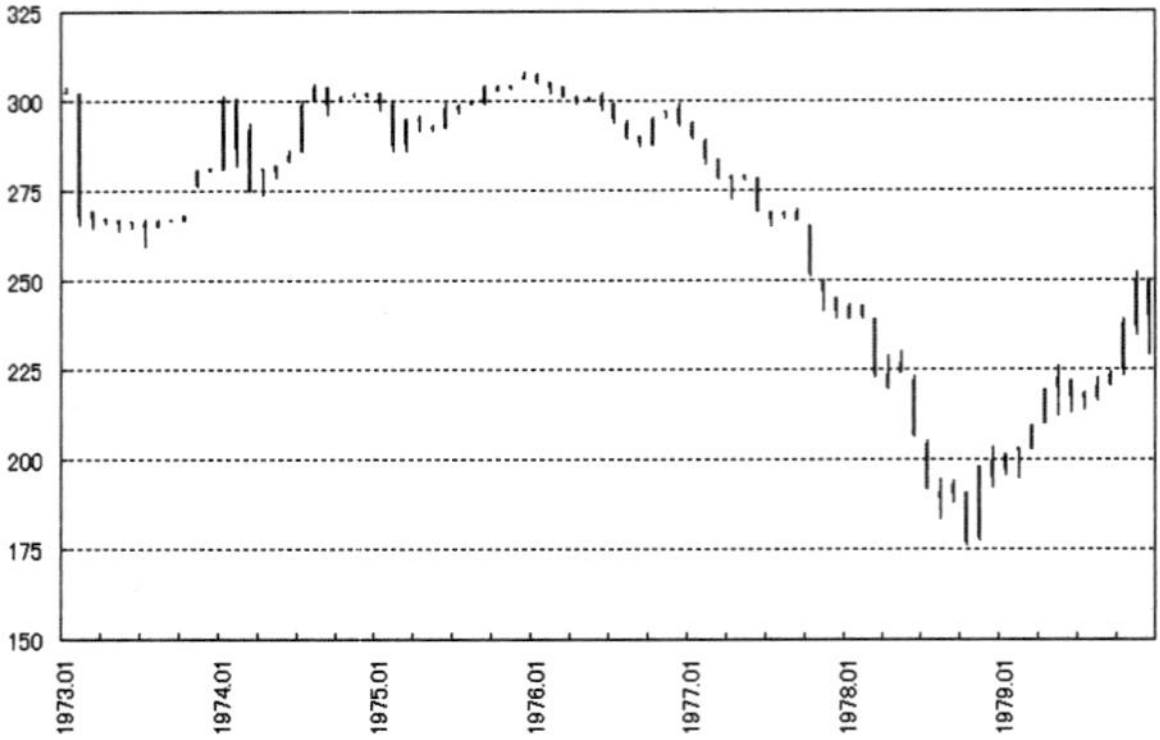

　しかし、日本などの貿易黒字国の黒字削減のためドル安政策を採ってきた米国は、ここに至ってドル安の弊害のほうに目を向けざるを得なくなった。ドル急落によるインフレ率の高まりだ。

　カーター大統領は事態の悪化を食い止めるため、ドル防衛策を発動した。内容は協調介入の継続、利上げ、外貨建て債券の発行などだ。

　こうした一連の政策の発表によって、ドルは急騰した。10月31日には175円台まで落ちたドルは、1日で10円以上も上昇し、その後ドルは上昇トレンドに入ったのである。これが11月1日の「カーターショック」だ。

実需原則の撤廃と自由な為替取引

久保田は結局、87年まで伊藤忠商事の為替部門の責任者として、市場の最前線で指揮をとることになる。その間の東京市場は、国際市場へ脱皮するための変革の歴史でもあった。さまざまな制度や取引慣行が変わった。そのなかの一つである実需原則――金融機関以外の市場参加者は、実際の商業取引の裏づけがある場合しか為替取引ができない――は84年に撤廃された。これによって市場参加者は自分の相場観に基づいて、自由に取引できるようになった。

だが、実際は実需原則が撤廃されても、直ちに自らの相場観だけで為替の売買をするものは少なかった。投機的取引に対するネガティブな考え方が、日本全体を支配していたことも背景にあった。そのなかで久保田は、いち早く自由な為替売買を始めた一人だ。

「実需原則の撤廃で商社の為替取引は大きく変わりました。自己ポジションを積み上げることができるようになったのです。それまでもインパクトローン（使途に制限のない外貨貸付）の導入や、外貨預金を設けることで、為替の自己ポジションを作っていましたが、手数もかかり機動性にかけるものでした」

為替取引の幅は格段に広がったのだ。それは昼夜を問わない市場へのかかわりが始まったことでもあった。ようやく欧米のディーラーたちと同じ土俵で勝負することになったのだ。

ディーリングでのチームワークの重要性

「商社は海外取引の多いところですから、為替に関心がある人が多いのです。役員にも定期的に報告に行くし、時には役員が我々のところに市場の状況を聞きに来ることもあります。これは部下から聞いたことですが、役員の一人が我々のところに来たとき、私は寝ていました。前日、夜中まで海外市場を追いかけて一睡もしていなかったからです」

「その部下がこれはまずいと思って、私を起こそうとしたようです。するとその役員は、皆の前で堂々と寝ていられるぐらいならポジションは大丈夫だろう、そっとしておいてやれ、と言ったそうです」

久保田は、為替業務を長く続けることができた要因の一つに「チームワークとともに上司の理解」を挙げた。

銀行でも商社などでも同じことだが、チームとして為替ディーラーたちを機能させることは簡単ではない。各ディーラーが、それぞれの相場観に基づいて自由にポジションを持つ、集合体としてのチームが一方にあれば、その対極には、一人のリーダーが意思決定をして、その方針に従って各ディーラーがポジションを持つチームもある。さらに両者の中間的な方法をとるチームもある。

いずれの場合でもチームワークのポイントは同じだ。

「各ディーラーが得た情報や気づいたことをチームにフィードバックし、チームが持つ情報と判断の質を高めることです」

チームのなかで絶対的な権限を持つリーダーが状況に応じてどんな判断をもつかは重要だ。特に損失がかさんでいる場合はそうである。ポジションを切るか、継続するか、自分の判断を貫くか、人の意見を入れるか、自らの立場がその損失でどう変わるか、チームへの影響はどうか……など、さまざまな葛藤を抱えることになる。そうしたリーダーの葛藤する姿をチームのメンバーは見ている。

大きな損失

久保田にとって最もつらかった状況は、プラザ合意の前に訪れた。

80年代前半は、70年代のドル安傾向が一変して、ドル高になった時代だ。米国は双子（経常収支と財政収支）の赤字をファイナンスするために高金利政策を採った。レーガン政権は強いドルを標ぼうして、海外からの資本流入を促進し、そのために米国の資本市場を整備した。

そのころ日本でも、外為法改正で資本取引の部分的自由化が進み、実需原則の撤廃など、為替取引に関する規制も緩和された。こうして資本流出が促進されたのである。従来の為替レートの主要な変動要因であった貿易収支から、資本収支の動向を左右する金利に、変動要因が変わった時期でもあった。

85年のドル円相場は、2月の270円台をピークに徐々に下げ始めた。そしてプラザ合意の前の9月には240円台まで下落していた。久保田がドルを買い続けたのはその間だ。

「ドル高地合が強いと判断しました。確かに米国が純債務国に転落した年でもあったが、その見通しは前年にFRB（米連邦準備委員会）から出ていました。現にそれからドルは売られるどころか金利差が効いて、ドルが上昇しました。したがってドルロング（ドル買い）を持ち続ければ、たとえドルの下落が続いても、いずれ反転すると思いました。ドルロングをキャリーすればスワップポイントが取れて、持ち値のコストが下がりますからね」

誰でも自分のつらかったときの状況を語るのは気が進まないものだ。特にディーラーは儲かったときの話や、ちょっとした損の話はよくする。しかし大きな損を抱えたときの状況は、そのときの気分や自分の惨めさが甦ってくるので、話したがらない。かなりの時がたってからもそうだ。プライドもある。

だが久保田はこれまでと同様、淡々と話を続けた。

「円高のスピードが速く、スワップポイントは軽く吹っ飛んでいました。毎日、損失が膨らみました。そのとき、部下の一人と意見が分かれました。チームのなかでは私に次ぐナンバー2の者です。ドルは今後も下がるから、今からでもドルの売り持ちにしたほうがいい。これが彼の意見でした。彼も独自に多くの市場関係者とコンタクトがあり、情報を収集しています。私はあくまでも自分の相場観に固守しました」

「ドルは下落するばかりで、損失はますます拡大しました。これ以上の損の拡大はチームとしても社としてもまずい。そうした思いが次第に強くなっていきました。結局、役員に相談してポジションを切ることにしました」

「私にとって最も大きな損失ですが、それでもプラザ合意の前にポジションを切ったことは幸運でした。その後も持ち続けていたらと思うと、ぞっとします」

損を取り返す

Ｇ５によるドル高是正を図ったプラザ合意を契機にドル円は下落の一途をたど

ドル円直物月足（1980年1月～1989年12月）

り、約３カ月で２００円を割ってしまった。久保田にとってさらなる幸運は、プラザ合意によって、為替市場では明確なトレンドを持つ大きな相場が続いたことだった。

「プラザ合意を受けてドル売りを続けた結果、その前のポジションで被った損失を取り戻すことができました」

久保田は情報収集とチームワークを重視する。チームのメンバーそれぞれが、できるだけ多くの情報を収集するため、多くの人とコンタクトを取ることを勧めた。そうして持ち寄った情報を整理して、チーム内で意見交換をする。この手法によって約20年間市場で闘ってきた。

久保田が最もつらく感じたのは、損失額もさることながら、こうした手法の有効性に自ら疑問を呈してしまったことであった。部下の意見に耳を傾けなかったことだ。

しかし久保田が救われたのも、やはりこの手法によるものであった。結局は上司や部下の意見があったからこそ、ポジションを転換できたのだ。

為替取引の方法

商社では、輸出入のヘッジとして先物為替予約をやる場合と、自己勘定で売買をやる場合では、自ずとスタンスが異なる。前者は中長期的な見通しに基づく相場判断が重要であり、後者の場合は比較的短期的な相場観が中心になる。

「私の自己勘定でのポジションの作り方は、基本的に逆張りですね。心掛けているのは、人よりも早くポジションの方向性を変える。多数につかないようにする。これは短期的な自己ポジションの売買においても有効だと思っています」

社内に質の高いスタッフを抱え、社外にも多くの優れたディィーラー人脈を持つ久保田が、逆張りと言うのは意外な感じがする。久保田は何か付け加えようと唇を少し動かしたが、言葉を発する代わりに微笑んだ。〝そこまで言わせないでよ〟と訴えている気がした。

次に続く言葉は〝それが市場の本質でしょう〟かな、と私は勝手に想像した。久保田が「朝令暮改が重要」と言った意味が改めて分かった気がする。

久保田は現在、故郷である伊豆の月ヶ瀬で地域おこしに新たな意欲を燃やしている。各地の情報を集めて、地域の住人たちとのチームワークを大切にしながら、近くの梅林を伊豆一の観光資源に育てるべく奔走している。梅林周辺の整備も進み、その完成も間近のようだ。

2. 坂本軍治
相場大転換の時代
――政策の与える影響を読む

坂本軍治（さかもと・ぐんじ）……１９４１年生まれ。米銀のバンカーズトラスト、チェースマンハッタン、ファーストシカゴで外国為替業務に従事。その後ヘッジファンド設立。現在、リサーチと投資アドバイザーの会社を主宰。

坂本はエネルギッシュなディーラーだ。自分の描いたシナリオを信じて突き進む。そのとき周囲に強烈な印象を放つ。黒縁のメガネの奥から飛び出してきそうな、ギョロリとした目がその印象を増幅させる。

黒い眼の小鬼たち

坂本は東京市場創成期から、銀行ディーラーとして為替取引に従事してきた、東京市場で最も長いキャリアを持つディーラーの一人だ。

ニューヨーク市場はもとより、ロンドン市場や東京市場でも、米銀の取引は活発だった。米銀は比較的規模も大きく、多様な人材が育ち、他の銀行への人材の供給源でもあった。東京市場の創成期から米銀の一部には、米国人ばかりでなく、スイス人、ドイツ人、英国人などのディーラーが活躍していた。日本人のディーラーは、そうした環境のなかでディーリングのノウハウを身につけ、キャリアを磨いていった。

「スイスの小鬼たち」とは、68年のポンド危機のとき、ポンド売りの元凶として英国の政治家が、スイスの銀行のディーラーを指した言葉である。だが、変動相場制以降、小鬼たちは世界の市場に広がっていった。

東京市場に舞い降りた青い眼の小鬼たちが教えたのは、大きな金額のポジションをキープするときの気持ちのコントロール方法、損失に耐えながらも市場に立ち向かう勇気、といったディーラーとしての本分だけではなかった。当時、通貨当局から課せられていた持ち高規制をかいくぐるためのポジションパーキングという慣習（行内の持ち高の方が大きかったため）や、六本木の酒場でのディーラー同士の情報交換など、ディーラーのライフスタイル全般にまで及んだ。「黒い眼の小鬼たち」はこうして育った。

だが坂本は、むしろこうした流れとは距離をおきながら、ディーリングの経験を積んでいった。

カーターショック

78年、ドルはバナナの叩き売りのように売られていた。金利を上げても、介入しても、ディーラーたちを恫喝しても、ドルの下落に歯止めがかからなかった。坂本がバンカーズトラストのディーラーだったころだ。

「明確なドル下落トレンドだからね。そのころは当然のことながらドルをショート（売り持ち）にしていたよ。その日もそうだった。10月31日だ。そうしたらドルがニューヨークで大暴騰。マーケットが飛んでしまった。ストップロス（損切り）の注文は出しておいたが、実行されなかった。ドルを買い戻そうとしても、市場でドルを売る人はほとんどいなかったからね。しようがない」

ストップロスは大事だ。ただし、それが指示どおりの値で実行されないことがある。市場が薄いとき、値動きのスピードが早く、市場参加者のほとんどが売り、買い、どちらか一方向に傾いたとき、ストップロスの注文が指示した値で実行されないことがあるのだ。それでも普通は、悪くても数十銭不利なレートでは実行される。

ところが、このときは違った。

「ドルは180円割れの水準から、8円近くも上昇してしまった。あっという間だ。2億数千万円のロス。このとき銀行内では、まだドル下落のシナリオをもつ者が多かったな。この上昇はパニック的なストップロスの連鎖で起きたものだから一時的で、再びドルは下落トレンドに入る。この水準でドルショートを切るのはもったいない、というわけだ。損も大きいし」

「でも、私はポジションをカットした。大きな損を出すのは嫌だったが、とにかくカットしなければと思った。それは米国が通貨防衛のため、政策転換したと判断したからだ。カーターボンドの発行が判断の決め手だった」

カーター大統領はドル防衛策として、公定歩合を1％上げ、預金準備率2％上げ、協調介入の強化、そして300億ドルの介入資金を調達するため、外貨建て債券（いわゆるカーターボンド）の発行など、一連の政策を発表した。

このとき窮地に陥ったディーラーは多かった。通常の何倍もの損を出した。ストップロスが実行された者は幸運だった。もちろん誰も、指示したレートで実行されたわけではなかった。10円ほどアゲインストの（市場の動きと逆の）ポジションを抱えた者もいた。

こうなると冷静な判断をすることは難しい。打ちのめされて手が出なくなるか、現実逃避で狂気のディーリングを繰り返すか、のどちらかだ。だが坂本はどちらでもなかった。

「ポジションを切ったら、（ドル円の為替レートが）2円下がった。そら見たことかという周囲の視線をいやというほど感じた。そこで1000万ドル買った。その後の相場は変動が激しく、それに合わせて売買を繰り返した。2日間で最初の損を取り戻せたよ。しかし苦しかったな」

「不測の事態では、ストップロスも効かない、どうしようもないことがある。それをこの時学んだ」

レーガン狙撃事件

坂本は、自分が窮地に陥った事例を二つ挙げた。一つは前記のカーターショックのとき。もう一つは、81年3月に起きた。

レーガン大統領がワシントンのホテル前で、専用車に乗り込む直前に狙撃されたのだ。新しく大統領に就任したレーガンは2月に財政支出の削減、減税、規制緩和、適切な金融政策を柱とする経済再建計画を発表した。いわゆる「レーガノミクス」だ。市場的には高金利、ドル高政策につながっていた。

「このとき、ドルロングを持っていてね。もちろん、ストップロスの注文は出していた。レーガンが撃たれたというニュースが伝わると、ドルはたちまち下落を開始。株は下がり、金は急上昇した。ドル円は211円台から203円台に急落した。ストップロスは実行されず、相場は激しい乱高下を繰り返した」

「だが、そのときはニューヨーク市場の後場で、終わりに近いころだったからね。取引も薄かった。そのニュースが市場で消化されるためには、本格的な取引が始まる翌日の東京市場を待たなければならなかった」

「東京での寄り付きは205円台だったと思う。それからも2～3円は乱高下した。レーガンは死んだとか再起不能だとかの情報が流れていたな」

ドルはロープの切れたエレベーターのように下がった。こんなときアゲインストのポジションを大きく持っていると、全身から血が抜かれるような感覚がする。妙な冷たさがまとわりつく。

こうした状態で、冷静な判断をすることは難しい。どうしても自分のポジションに都合の良いことだけを考えてしまう。だから普通ならポジションを切る。本人が切れない場合は、上司が切らせる。だが坂本は違った。

「ニューヨークと電話を繋いだまま、レーガンの手術の経過を聞いていたんだ。最終的に手術は成功。そこでポジションをキープすることにした。米国の政策に変化はないと判断したからだ。ドルはいずれ戻るに違いないと思った」

相場は坂本の読みどおり戻った。それで窮地を脱した。そしてこのときの経験が、後に坂本がヘッジファンドを始めたときに生きてくる。

「9・11同時多発テロのとき（2001年）、ドルが下がった。ドル円は4～5円下がった。このとき迷わずドルを買った。即断できたのはレーガン大統領狙撃事件のときの教訓があったからだよ」

政策の狙いを読む

坂本は相場に与える政策の影響を重視する。「特に大きな相場のときは、政治要因がきっかけになることが多い」ので、政策意図の分析に力を注ぐ。

「政策の意図を分析してみる。そして為替レートのターゲットはいくらか、を自分なりに考えてみる。もちろん政策当局者だって、為替のターゲットなんて分からない。市場のとらえ方を読むのだ。市場がその政策に対してどちらを向いているか、どんなシナリオを持っているか。これを掴むんだ」

「そのためには情報収集が必要だ。人脈、書かれたもの（本、雑誌、新聞など）、それも世界各国にわたっていなければならない。昔はネット社会ではなかったので、かなりの努力が必要だった。情報の質は当然だが、そのためには、ある程度の情報量が必要になる」

確かに坂本の人脈は広い。世界の金融関係者から日本の企業、当局者まで、幅も量もある。坂本は大きな相場を好む。大きな相場のときに、こうした情報に基づいた政策分析が生きると考えるからだ。

ただディーラーは、相場の方向性を解釈するだけでは、何の価値も生み出さない。実際どこでポジションを持ち、どこで切るかの判断ができて初めて、価値を生み出せる。そのときに役立つのが、坂本の相場形成についての見方だ。

相場形成の4段階

「相場は生き物と同じで、一つの大きな相場のサイクルは4期に分かれる。幼年期、青年期、壮年期、老年期の四つ。幼年期では相場の転換期に当たる。この時期に相場に参加するのは難しい。焦点が変わるわけだから、その変わり目はなかなか分からない。プロが試行錯誤して参加しているときだ。ただ政治相場のときは方向性を判断しやすいので、相場に参加しやすい」

「青年期では相場は若い。ここではプロだけでなくセミプロも参加する。ここで言うプロとは、日常的に相当額の売買を繰り返す市場のメインプレーヤーのこと。セミプロとは、その他の銀行ディーラーや、取引の活発な顧客を指す」

「次の壮年期では、取引量は増加するし、いろんな人が参加してくる。そして老年期になる。この時期になると、相場は事実上終わっている。経済の現象面や当局者の発言も微妙に変化してくる。取引量も徐々に減りだす」

「このように相場形成過程をとらえたうえで、ポジションは幼年期から青年期の初めにつくり、壮年期か老年期の初めに閉じる」

坂本はこのように相場をとらえ、市場に臨んだ。そして大きな相場のときは「大体うまくいった」。

ドル円直物日足（1985年1月1日～12月31日）

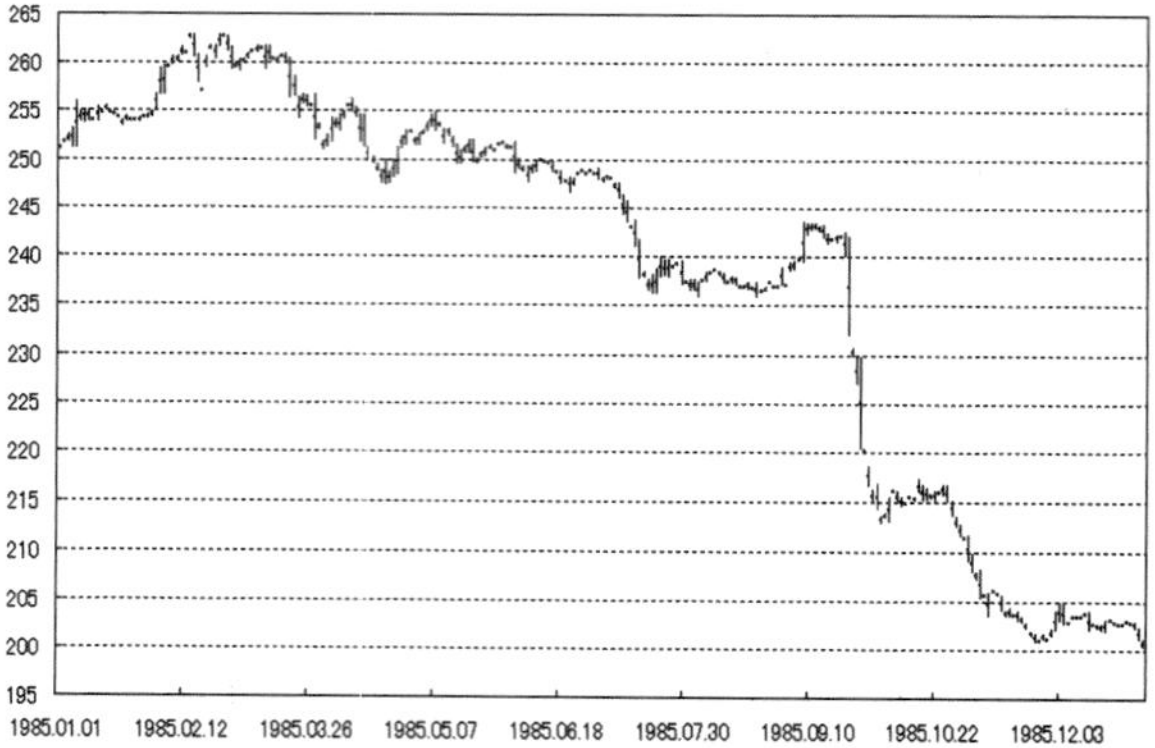

プラザ合意

85年のプラザ合意は、これを経験した人の多数が最も印象に残った局面の一つとして、必ず挙げられる。坂本の場合、相場の大転換のヒントを前年の84年に掴んでいた。

「大蔵省（現財務省）の人たちが中心となっていた勉強会に参加していてね。その日の勉強会の講師は、ハーバード大学から大蔵省へ来ていた若手研究者だった。テーマは当時深刻になっていた米国の財政赤字の問題。どうしたら解決できるか。彼は米国の財政赤字の解消法として三つ挙げた。一つは『ハイパーインフレ』、二つ目は『モラトリアム』、そして最後に『ドルの切り下げ』。実効性の点から考えると、この三つのなかで米国政府が現実的に採れる政策は、ドルの切り下げしかない」

坂本はこの日を境に、いつかドルが大きく下がると思うようになった。

「ドル帝国主義の崩壊の始まりだ」

ドルは翌年2月をピークに下がりだし、9月のプラザ合意で拍車がかかり、3年後にはピーク時の半値以下にまで下落した。

坂本はこのときの経験から「米国の学者などの講演会にはぜひ出るべきだ」と言う。この点については久保田と共通している。

ソ連のクーデター

坂本が楽しかった局面として——つまり自分の読みがずばり当たって、大きく収益を上げた局面として——プラザ合意とともに挙げたのがソ連のクーデターのときだ。

91年8月、ソ連のゴルバチョフ大統領が休暇中、クーデターが起きた。保守派の副大統領らが仕組んだもので、非常事態宣言が出され、クレムリンは占拠された。

市場ではドルが買われた。有事のドル買いだ。特にソ連と経済的関係が深いドイツのマルクに対して、1・76台から1・83台まで急騰した。ドル円は137円台から139円台へと上昇した。ドルマルクの上昇を防ぐための協調介入があったが、ドル買いの勢いは衰えなかった。

「世界中が注目し、テレビもソ連のクーデター一色だったな。4日間でクーデターは失敗に終わったが、その間、CNNやNHKでも『クーデターは成功か？』といった情報を流していた。こうなるとドルはますます買われる」

「だが何日目だったか、ディーリングルームの隣の自分の部屋でTBSテレビのニュースを見ていると、改革派のエリツィンたちの拠点、ロシア共和国最高会議ビルを包囲していた戦車が離れていくのを見た。これを見てクーデターは失敗したと判断。すぐにドルを売った」

「懇意にしている顧客にも、ドル売りを勧めたよ。そのうち市場でも、クーデターは失敗したとの情報が流れてね。その情報の出所は、うちの銀行（ファーストシカゴ）ということだったがね」

「結局、クーデターは失敗し、ドルは売られた。このときは情報をいち早く伝えたお客さんに感謝されるし、自分も大きな利益を上げられたし、うれしかったな」

クーデター失敗が報じられると、ドルマルクは1・75まで急落、ドル円も136円台に下落した。

「上の者は、何かが起きたときはテレビで各局のニュースをチェックするべきだな。現場にいてはだめだ。現場にいたら、目先の相場の動きに惑わされるだけだ」

ディーリングの方法

70年代後半から80年代前半にかけて、多くの外国銀行が、日本でディーリンググループを新設あるいは拡充した。外為法改正や規制緩和、金融の自由化の進展が、東京市場での資金取引や為替取引を活発化させると判断したからだ。それまで日本企業への外貨の貸付業務が収益の柱であった外国銀行が、新たに収益源をディーリングビジネスに求めたのだ。

ファーストシカゴ銀行もそうした方針のもと、チームを再編成し、坂本を中心に据えた。新しい銀行は坂本の肌に合ったのだろう。「シカゴの坂本」は定着し、98年にヘッジファンドを設立するまで、ファーストシカゴ銀行で陣頭を指揮した。

こうした長いディーリングのキャリアのなかで、坂本は自らのディーリングの方法を確立してきた。それは五つのポイントに集約される。

①「市場が何に焦点を当てているか知る。その要因以外で動いているときは逆張りがよい」

市場が注目している要因以外で相場が動いているときは、ポジション調整が多い。したがって調整後、相場は戻るというわけだ。

「この方法は日計りの売買に有効だ」

②「ポジションを持つときには、あらかじめ利益の額を決める」

損失額をあらかじめ決めるディーラーは珍しくない。だが、利益の額も決めておくディーラーは多くはない。

「利益額を決めてからポジションのサイズを決める。このポジションでこれだけ儲けようと決まったら、チャートポイントとは無関係に、利食いのレベルに達したらポジションを切る」

「サポートやレジスタンスなどのチャートポイントは破られるためにある」ので、それらを気にせずに売買を実行する。

③「損失額は期待利益の5分の1に設定」

「なぜ5分の1かというと、それは経験値だ」。これはマネジメントポジション（比較的期間が長めで金額が大きい）に適用し、日々の売買には過去1カ月間で一番儲けた日の額をストップロスに当てた。自分の儲けられる額の範囲内で損をするのがストップロスの鉄則だ。

坂本に「勝つために一番必要なことは何か？」と聞いたとき、返ってきた答えは「損切りのルールを決める」であった。

「自分の部下で三度ストップロスを守れなかったらディーラー失格。配置転換した」

④「あらかじめ決めた利食いと損切りのどちらのレベルにも相場が達しないときは、市場の流れを見てポジションを切る」

⑤「人と一緒に売買をしない、人の相場観で動かない」

人と示し合わせて売り、買いしても、「そのポジションをいつ処分するかで意見が割れて、人間関係が壊れることがある。特に相場が逆に動いた場合に起こる」。人の相場観で動いた場合、その失敗や成功から学ぶものがない。

市場は時代によって変わる

坂本は長く市場で生きる秘訣として「ディーラーとしての理性を備えること」を挙げる。その理性とは「自分の懐が限界だと思うところでポジションをカットすること」である。

「自分の財布のなかで勝負しろ」

坂本は自分の部下にも繰り返し言ってきた。そして何人ものディーラーがこの理性を身につけることできず、短いディーラー生命を終えたのを見てきた。

さらに時代による市場の変化を見通すことの重要性を指摘した。

「時代によってマネーフローが変化してきた。世界の市場ではグローバル化の進展とともに、マネーフローは変化してきた。だからいろいろな通貨に目を配らなければならなくなった。最近では新興市場国の通貨だ。それと資本市場と一体化して為替を見る必要性が増してきた」

こうした流れの一つに個人の為替取引の増加もある。

「ちょうど金利が為替相場変動要因として広がりを持ってきた時期と一致していた。これは、個人にとってラッキーだったな。ただリスク管理は、自己責任だからね。これは肝に命じておくべきだ」

長い市場の歴史のなかでは金利相場も一つの局面に過ぎない。また別の変動要因が相場を支配する。その過程で被る損失は各自が覚悟しなければならない。

ヘッジファンドの設立

坂本はディーラーとしてのキャリアの最後に、ヘッジファンドを選んだ。米国はもとより、英国そして香港やシンガポールなどのアジアでも、ヘッジファンドの数と、その運用する資金の額は増加の一途をたどってきた。為替市場でも90年代前半から次第に頭角を現わし、主要な市場参加者に成長した。そうしたなか、日本でも為替を中心としたヘッジファンドの誕生が望まれていた。

東京の外為市場のパイオニアの一人として坂本は、グローバルマクロのヘッジファンドにチャレンジした。98年のことだ。為替を中心に債券、株、外貨預金などの金融商品を運用の対象にした。為替でのヘッジファンドというと、ジョージ・ソロスなどを思い出し、高い利回りを狙った派手な売買を連想する。だが、坂本のファンドの成績は堅実なものだった。

「利回りは毎年2～10％の範囲かな」

ただ銀行時代と違って、やりにくさがあったようだ。

「常に顧客の眼を感じていた。それに他のファンド等との比較もあり、落ち着いた運用ができなかった。それは多分、新分野での経験不足があったのだろう」

このあたりの事情が、坂本を堅実な運用に走らせた理由なのだろう。

結局、坂本は05年にファンドをクローズすることになる。坂本へのインタビューはそれから2年後に行ったが、クローズした直後に坂本に会った者によれば、「本当に疲れた様子」だった。

「グローバルマクロのヘッジファンドは日本では伸びないよ」

坂本が7年間で出した結論だった。

現在、坂本は金融・経済政策や市場に関するリサーチと投資アドバイザーの会社を主宰している。

「日本の株はもう上がらないな」

4月中旬（07年）に行ったインタビューの最後に、日本の政治経済の行き詰まりを指摘した。

坂本は現在でも「シカゴの坂本」だ。

３．堀内昭利
通貨危機の時代
――画面の値動きから相場を感じる

堀内昭利（ほりうち・あきとし）……１９４９年生まれ。スイス銀行、ドイツのＢＨＦ銀行で為替ディーリングに従事。その後、投資顧問会社を設立し、為替、株を中心とした運用業務に携わる。

堀内から話を聞いたのは、２００７年７月の参議院議員選挙日の翌々日であった。堀内は席に着くなり喋り出した。

「週明けの昨日は１１９円台で始まると思っていた。自民党大敗の予測で、選挙前からドル円をロングにしていたが、朝からドル売りが強くてね。市場はドルロングが相当しこっている（含み損を抱えている）と判断して、１１８・４５でポジションをひっくり返した。でも、それからはあまり下がらなくてじわじわ上がるから、

118・70でドルをまとめて買った。119・20～30まで上がると思った。でも実際は119・02しか上がらず、その後、下げに転じた」

「117・98にストップロスをおいて、夕食に出かけたんだ。どうも車の運転中は相場がアゲインスト(不利)に動くことが多くてね。それにポジションを2度ひっくり返すと失敗するという経験則もある。案の定ドルは下げ続け、118・00まで付いた」

「だがそこで踏ん張り、その後反転、結局119・25で利食ったよ。その局面では、ほぼ高値だったな」

「117・98も119・25も、チャートを見てはじき出したレートじゃない。自然と数字が頭に浮かんだ。調子が悪いときは数字が出てこないけどね」

武士ディーラー

堀内は古いタイプのディーラーだ。そしてそれを誇りにしている。ここで言う「古い」とは「現代では通用しない」という意味ではない。「経験や感覚をとても大切にしている」という意味だ。

「ミサイルが飛び交う時代に馬に乗って刀を振り回しながら、戦場（市場）で戦っているようなものです」

長年親交のあるディーラーが自分について言ったことを、堀内はうれしそうに紹介した。確かに、いかつい顔つきからは、外資系の銀行のディーリングルームでの姿よりも、鎧を着けた野武士のほうが想像しやすい。

ディーリングの方法

「私のやり方？　勘だね。画面をじっと見ていると、今後の展開図が見えてくる。数字が浮かんでくる」

堀内はチャーティストでもなければ、ファンダメンタルズ重視派でもない。ただどちらかといえば、チャートをベースにしたディーリングといえる。それは次の言葉に示されている。

「結局のところ現在の値動きは、今まで自分が経験した一局面での値動きと同じなんだ。画面を見ているうちにそれを思い出す」

自分の記憶のなかで、レジスタンスやサポートなどのチャートポイントを無意識のうちに描いているのだ。

「自分には、為替取引をするための器具さえあれば、ほかに何もいらない。情報はいらない。かえって情報は邪魔になる」

だからと言って、堀内は全くチャートも見なければ、情報も読まないかというと、そうではない。チャートを付ける。情報も収集する。そのときいろいろ考える。しかし、それらに基づいてはディーリングをしない。直接には、彼のディーリングの成績の向上につながらないのだ。

「チャートは方眼紙に自分で書き込んで作る。昔からやっている。端末の操作で画面に自在に出てくるものとは、同じチャートでも違うと思っている」

彼には情報交換をする仲間が3人いる。

「皆、長い間の付き合いだ」

このネットワークも彼のディーリングに役立っている。

「為替レートが表示されている画面を見ているとき、ふと彼らの言葉を思い出すことがある。チャートを付けているときや、情報に接したときに考えたことも、頭の片隅には残っている。画面の値動きのなかでそれらのすべてがミックスされて、語りかけてくる。それが自分の売買の判断につながる」

「特にドル円だ。30年以上も見ているからね。分かるんだ」

他の通貨ペアは得意でないようで、あまり取引しない。それは他の通貨ペアの取引の経験や値動きを見る時間が、十分でなかったからということになる。もっとも東京市場では、当初からドル円の取引が圧倒的シェアを持ち、他の通貨ペアの市場は小さかった。

堀内は自分のディーリング方法は、短期のディーリングだから通用すると判断している。銀行時代よりは取引頻度は減ったとはいえ、現在でも1日に平均20回ほど取引をする。ポジションは長く持っても3日程度だ。

「若いディーラーや、最近為替を始めた人と相場の話をしていると、合わないことがある。彼らは現在の値動きを見ないで、チャートばかり見ている。画面上のチャートがどうなるかばかりに関心があるから、私と話がずれてしまうのだ」

プラザ合意

堀内は、ドイツのＢＨＦ銀行が82年に日本に進出するとき、銀行の中核業務のディーリング部門の責任者として招かれた。そこで14年間、ＢＨＦ銀行の顔として支店を支えることになるのだが、幸運にもスタートして間もなく、外為史上最大のイベントの一つに遭遇した。

自分のディーリングキャリアのなかで最も印象的な局面として、プラザ合意を挙げるディーラーは多い。堀内も例外ではない。

85年9月、Ｇ5（米、英、仏、西独、日）の蔵相、中央銀行総裁たちが、ニューヨーク、マンハッタンにあるプラザホテルに集まった。そこでドル高是正の合意をしたのは9月22日、日曜日であった。翌月曜日、日本は祝日のため市場は休みだった。

「臭った。各国の通貨当局者がニューヨークを訪れたというニュースを知って、変だと思った。何かあると思った。それでディーラー全員に休日出勤させたんだ。そして香港市場でドルを売った。233円台だったと思う。海外市場でドルが売られ、225円まで下がった。その日は徹夜だったな」

「この情報の重要度を理解した者は、日本ではそれほどいなかったと思う。もしそうなら、ほとんどの銀行は休日出勤しただろう。それに休み明けの火曜日に東京市場では、皆ドルを買ってきたからね。それで232円くらいまで戻った。でも海外市場では再びドルが売られ、220円まで落ちた」

　堀内は、海外市場と東京市場での、情報に対する反応の違いを指摘する。

「東京市場と、ロンドンやニューヨーク市場での値動きが異なることは珍しくない。だが、このときほどそれが顕著に表われたことはない」

「220円を割れたころ、日本の大手自動車メーカーがドルを売るかどうかで会議をしている、という情報が耳に入った。その間にもドルはどんどん下がって210円になってしまった。さらに会議が延びたら205円を割っていた。意思決定が市場のスピードに全くついていけない。日本の大方の対応は、この程度だよ」

アジア通貨危機からＬＴＣＭの破綻

もう一つ、印象に残っている局面として堀内が挙げたのは、97～98年にかけてのアジア通貨危機からロシア通貨危機、ＬＴＣＭ（米国の有力ヘッジファンド）の破綻、と続く局面だ。ＬＴＣＭには元ＦＲＢ副議長やノーベル経済学賞を受賞した経済学者などが集まっており、「ヘッジファンドのドリームチーム」と呼ばれていた。

ドル円は、95年の80円割れを底に上昇傾向をたどり、97年には１２５円を超えるまで上昇した。そこでＧ７（先進7カ国蔵相、中央銀行総裁会議）は円安抑制の声明を出した。ドル円は反転し、１１０円台まで下落する。しかし、日本の通貨当局は、それ以上の円高を牽制した。その後ドル円は、再び上昇傾向をたどることになった。

「独立して間もないころだ。ドル円をショートにしてはやられ、ショートにしてはやられ、の繰り返しだった。それほど大きなポジションを持っていたわけではないが、地獄の苦しみだった。銀行という大きな後ろ盾はもうないからね。１２５円で締め上げられたとき、ギブアップした。後は手が出なかった。ドルが上がるのを、

ドル円直物月足（1990年1月～1999年12月）

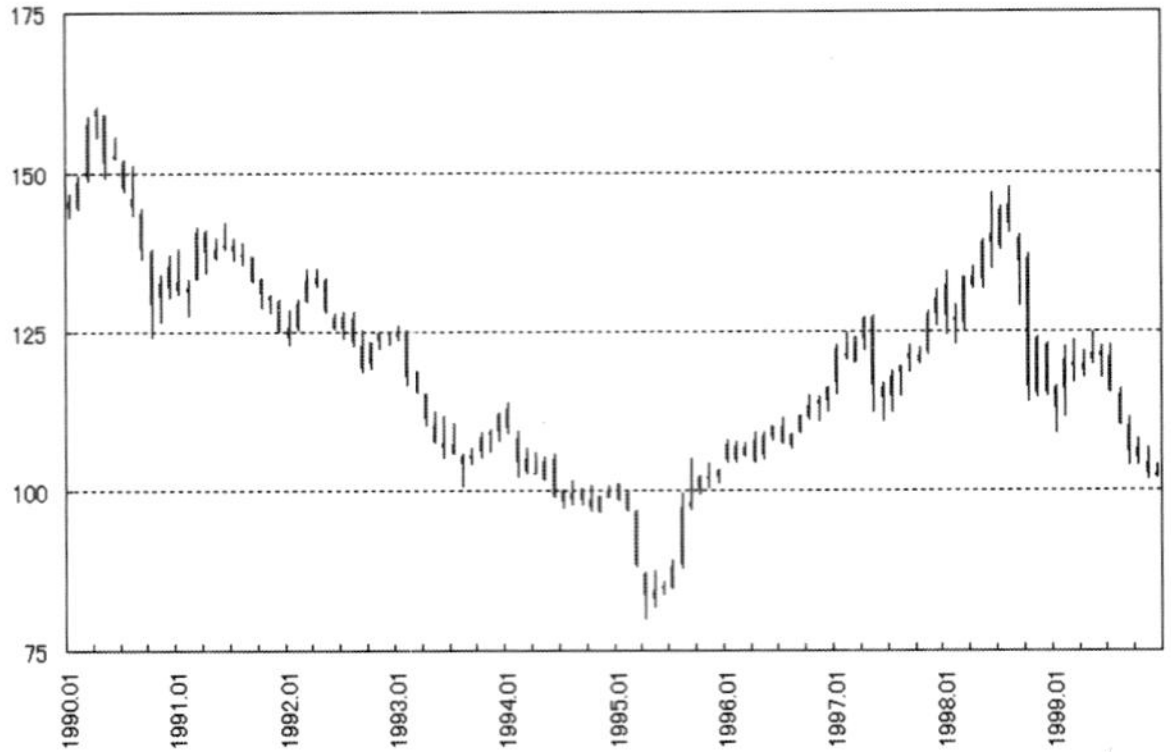

ただ見ているだけだったよ」

ドル円は、98年8月に147円台まで上昇した。しかし日銀のドル売り介入をきっかけに相場は反転する。10月の初めには130円台の前半まで落ちていた。LTCMの破綻の影響が市場に深く影響を及ぼし始めた。

「ドル円が130円を割れたころからまた勝負を始めた。きっかけは一つの情報だった。いつも情報交換をしている銀行の人からだ。日本の銀行で1億ドルの値を海外の銀行から求められ、ビッドとオファーを1円の開きで提示したという。それでもヒットされた。

相手はドルを売ってきた。しかもそれが市場でカバーできないというのだ」

通常の市場の状況ならば、1億ドルの建値をする場合、ビッドとオファーの開き（スプレッド）は10ポイント（10銭）程度だ。しかし市場の値動きが荒くなったり、流動性が十分でない場合、スプレッドは大きくなる。

「その情報で、市場にドル売りの勢いがあると感じた。そこで自分もドルを売った。ドル円はその日のうちに125円を割れ、122円くらいまで下がったところでドル円をロングに変えた」

「しかし、ドル円は下落を続け、120円台まで下がった。後で知ったのだが、この局面でタイガーファンド（ジュリアン・ロバートソンが率いる米国の有力ヘッジファンド）がドル円を売っていた。今まで抱えていたポジションを投げたのだ。この日は徹夜だったな」

「翌日の東京市場ではドル買いが強かった。119円から124円台まで上昇。その過程でドル売りに回ったが、買いがあまりにも強かったので、ドルロングに転換した。でも海外市場に移るとドルが下がりだした。これはだめだと思って、

119・80で倍返し。800万ドル売った」

「市場が薄くて、普通ならもっと悪いレートのはずだが、マカオの銀行に友達がいてね。いいプライスで実行してくれた。BANCO DELTA ASIA——北朝鮮との取引で米国から金融制裁を受けた銀行だ」

「ドル円はパニック的に下がり、結局111円台まで落ちた。この局面ではソロスのファンドが売っていた。これも損切りの投げだ。自分は113円台でロングに変えた。これも勘だよ。画面を見ていてこの辺だろうと。でも111円台まで落ちているときは苦しかった。勢いがあったからね、底なし沼のような。結局、その後119円台まで戻したので、その間で利食った」

ドル円は10月7日8日の2日間で、20円ほど変動した。この2日間では、LTCMばかりでなく、他のヘッジファンドの破綻のうわさが相次いだ。それに伴い、彼らが持っていたキャリートレードのポジション（この場合はドル円のロング）を解消するとの情報が市場を駆け巡った。

「事実、ヘッジファンドの処分売りは激しかった。株の損よりもドル円の損失のほうが大きかったんだ」

500ポイントよりも80ポイントを狙う

堀内は仲間から、なぜそんなにポジションを早く切るのか、聞かれることがある。

「もっと長くポジションを持っていれば、もっと収益を上げられるのに、と言われるんだ」

「でもね、自分はこれまでポジションを長く持ちすぎて、何度となく、儲けを飛ばしてきた。それが身に染みている。だからドルがまだ上がると思っても、ドルを売ることにしている。儲けは確実に懐に入れたい。そうしないと不安なんだ」

「500ポイント抜くことを狙うよりも、80ポイントを狙って6回ポジションを持つのが自分のやり方なのだ」

窮地に陥ったこと

堀内は窮地に陥ったことが二度ある。一つはSBC（スイス銀行）時代に起きた。

70年後半のことだ。

現在では考えられないことだが、当時、銀行や企業によっては先物ポジションの損益評価を先物レートで時価評価せず、直物レートで評価したり、先物レートを使う場合でも正確なレートではなく、大まかなレートを使ったりする場合があった。例えば、3カ月半の先物ポジションを直物レートで評価したり、3カ月の先物レートで評価したりという具合だ。

したがってドルが円に対してディスカウント体系にあるとき、先物のドル買いをすれば見かけ上の利益（評価益）が当月の決算で計上できた。しかし翌月の決算日には高いレートの買い持ちが残り、損失を出さなければならなくなる。この損失を相殺するためには、同じように先物買いをしなければならない。

これを繰り返しているうちに相場が自分に有利に動いてくれればいい。ところが、そうでないと損失は膨らみ、この取引を繰り返すことになる。堀内はこうした悪循環にはまってしまった。

「誰かが早く発見してくれないかと思っていた」

これは当時の評価法が問題で、ルール違反とも言えない。あくまで堀内はルールのなかで取引を行っていたのだ。だが結果としてシステムの不備を突いた損益操作になってしまった。堀内は、損失とモラルの二重の責めを負わなければならなかった。これは堀内にとって苦い経験だった。

ポンド危機前夜

もう一つのケースは、BHF時代のことで、92年に起きた。

そのころ堀内は懇意にしていたブローカーの要請で、ポンドドルの値を出していた。当時、東京市場でポンドドルのインターバンク取引を行う銀行はそれほど多くはなく、ブローカーにとってポンドドルのマーケットメーク(建値＝為替レートの値付け)をしてくれる銀行を見つけることは容易でなかった。

「ブローカーに出していたレートを打たれ、5000万ポンドくらいのショートになってしまった。ちょうどポンドが上昇していくときでね。1・96台で持たされてしまった。すぐカバーしようと思ったが、持ち値よりも市場レートが大分上がってしまい、躊躇した」

「結局カバーするタイミングを失い、銀行に何日間も泊まる羽目になってね。ポンドは下がる気配がなく、かえって損失は膨らむばかりだった。結局2・0を超えてしまった。眠れなくてね。一升瓶を持ち込んで傍らに置いたのだが、そんな状況では酔えるわけがなかった。飲んでも気持ち悪くなるだけだった」

「このときは追い詰められた。胃に穴が2、3個開いたかと思ったよ、本当に」

「その後、ポンドが下落し、なんとか持ち値でカットできた。ポンドはさらに1・82まで暴落したけど、持ち値でカット（損切り）するのが精一杯で、それ以上、ポジションを持つ力は残っていなかったよ」

堀内にとって「ドル円以外の通貨で、いい思い出はあまりない」。こうしたこともあってか、本店も彼にドル円以外の通貨は積極的にやらせなかったようだ。

超円高——市場に参加できない悔しさ

95年、ドル円は初めて100円を突破した。その後もドルは下落を続け、4月に

ドル円直物日足（1995年1月2日～12月29日）

は一時80円を割る超円高を示現した。

「自分は、１００円以下のドル円は信じなかった。あり得ないことだと思っていた。だから１０２～３円で、50本（５０００万ドル）ロングにした。ところが１００円を割ってしまった。このときはジョージ・ソロスのファンドが売ったんだ。でも自分は１００円割れでもドルを買った。それでも下がる。95円くらいまでドルを買い続けた。買っては投げての繰り返しだった。ついに本店からストップがかかってしまった」

「最後95円台で買ったドルを投げたと

きは、もうやらせてもらえないかもしれないと感じたね。そんな予感があった。相場は外れたけど、この予感は当たったな」

「だからそれ以降の相場展開のなかで、市場に参加できなかった。これが一番悔しい。80円は大底と思っていたので、勝負できなかったのが残念でたまらない。でもそれも自分が蒔いた種なんだよね」

「自分のスタイルでは、ドルショートのとき、カットしてもまたショートにする癖がある。ショートは結構しつこいんだ。だから大損することがある。でもロングのときは、ダメだったらポジションをカットして終わり、ということが多い。だから大損はしない。でもこのときはまるで違った。しつこくロングにこだわってしまった。自分のスタイルではないのだ。だから後悔している」

「テクニカルの指標がドルの売られ過ぎを示していたんだ。ＲＳＩとかストキャスティックスとかＭＡＣＤとかね。それにとらわれてしまった。もともとそんな指標は気にしないで勘で勝負するのが自分の本筋なのにね」

「市場に参加できないというのは、刀を取り上げられた武士のようなもので、惨めなものだよ」

市場は時代とともに変わったか

「ＥＢＳ（電子ブローキングシステム）が導入されて、市場は大きく変わったと思うね」

ＥＢＳとは、各銀行が自分の端末から売買の注文を出し、コンピューターが取引を仲介して売買を成立させるシステムだ。それまではブローカー（仲介業者）の人間が取引を仲介していた。90年代初めに導入され、最初は人のブローキングと共存していたものの、次第に市場シェアを拡大し、主流になった。個人にネットFX取引が普及したのに似ている。

「それまで為替は職人の世界だったな。ブローカーの声で相場の強弱を判断したり、どこが売っているとか、買っているかも分かった。その背後に人の顔が見えた。自分も大声を出したり、体全体を使って相場に取り組んでいだ。ディーラーには、大田区の工場で小さな機械を作るような繊細さが必要だった」

「それからの為替ディーリングは、全く違うゲームになった。市場の雰囲気が読みにくくなった。それでも自分は、今でも馬に乗って刀を振り回しているけどね」

「以前の市場のほうがはるかに面白かった。ディーラーは鍛えられた。今のディーラーには、プライスがなくなる恐怖なんてないからね。若い人にはそのころのことを伝えたいと思っている」

投資顧問業

堀内はＢＨＦ銀行を辞めた後、独立して投資顧問業を始めた。そこで個人の資金を運用する難しさに直面する。

「当然銀行時代と違って、取引額は小さくなる。数十億円から数百億円の運用をやっていれば、銀行時代と変わらないポジションを持てるが、数億円だからあまり損はできない。常に土俵際で勝負している感じだ。いつも後ろが見えるわけ。そこはもう崖淵《がけっぷち》なんだ」

「損をすると資金が減り、取引額もさらに小さくなってしまう。銀行時代では考えられなかったことだ」

「四半期ごとに運用状況を顧客に報告するわけだが、大きな会社では、運用者は運用に専念して、こうした報告は営業担当など別の人がする。でも自分のところは私が両方やっている。その際に顧客の顔が浮かぶ。うまくいっているときはいいが、そうでないときはつらい。損したら顧客は2度と戻ってこない」

それでも堀内は、9年間投資顧問業をやってきた。顧客の信頼がなければ、不可能な期間だ。

昨年、当局の要求する事務手続きの煩雑さを嫌って、投資顧問業の看板を金融庁に返上した。しかし為替のディーリングなど実質的業務はほとんど変わらない。

このところ当局は、東京市場の国際化を一段と加速するため、ロンドン市場やニューヨーク市場をまねて、規制緩和やグローバル化を図ろうとしている。しかし「表向きの号令とは裏腹に、各論での規制がありすぎる」と堀内は感じている。

「グレーの部分が多いんだ。その解釈は当局がする。海外ではグレーが白に近いが、日本では黒に近い。この差はどうしようもない」

「今では何かをやるにせよ、日本ではどうせダメと言われると思っている。そんな雰囲気がある」

一方で「ファンドや為替証拠金取引業者を大手に収れんしようとする動きも気になる」為替証拠金取引業者の場合、資本金は預かり金の額に応じて、増額しなければならない。

「こんなことは規制の厳しいロンドンですらやっていない」

投資顧問業も、煩雑な管理業務をまかなえるだけの組織の規模が必要になる。

「自分はただ為替をやりたいだけなんだ。会社に飾っておく投資顧問業のライセンスの看板の大きさが何センチ以上はダメだとか、そんなことで自分の仕事を役人に邪魔されたくない。あまりうるさければ、海外に行くことも考えないといけなくなる」

堀内が独立して10年。後悔することがあるとすれば、海外に出なかったことだという。

「日本は変わると思っていた。でも現実は違った。日本が金融立国になるなんて

100％不可能だ。これは私のような独立業者に共通した思いだ」
「独立の希望を持つ若い人には海外に出ろと言っている。日本に幻想を持つのは時間の無駄だし、自分の可能性を狭めてしまうからね」

ディーリングで大事なこと

「集中力だ。生きたレートを見ていて、ここだと思うときに行動できること。ストップロスが大事だという人はいるけど、自分は特にルールとしては決めていない。言うのは簡単だけど、なかなか実行できないのがストップロスだ。これは永遠の課題だろう」

為替の個人投資家について

「キャリートレードの時代が終わったら、相場から手を引いたほうがいい。金利を取ることが為替取引だと思って始めたわけだから、それしか知らないのは当たり前。やり続けたいならば、為替をもっと勉強しないと」

「簡単に儲かるとのうたい文句でシステムとかＦＸの本が売られているが、冗談じゃない。相場をなめると痛い目にあうだろう」

堀内はプロのディーラー魂を持つ数少ない一人だ。今後も増加する個人投資家が市場で漂流するときに、羅針盤の役割を果たすに違いない。

4. 向坊洋之
グローバル化の進展とデリバティブズの台頭
——オプションが通貨の動きを支配する

向坊洋之（むかいぼう・ひろゆき）……1958年生まれ。シティバンク、ゴールドマン・サックス（GS）、クレディ・スイス・ファースト・ボストン、リーマン・ブラザーズで為替ディーリングに従事。その後ファンドの運用を始める。現在、香港を拠点にヘッジファンドを運営。

80年代前半は外為市場に通貨オプションが登場した時期だ。82年には世界で初めて、米国のフィラデルフィアの取引所で通貨オプションが上場された。当時外為市場をリードしていたシティバンクでも、その少し前から通貨オプションの取引を始めていた。東京市場でも顧客のヘッジ目的を中心に取引が始まった。

向坊は、シティバンクでディーリングの経験を積んだ後、行内の留学制度を利用してシカゴ大学でファイナンスを学んだ。2年後東京支店に戻るが、間もなくゴールドマン・サックス（GS）に移る。87年のことだ。インベストメントバンク（投資銀行）が、商品開発力や効率的なリスクマネジメント力を生かして、東京市場でも力を入れ始めたころだ。向坊はそこで通貨オプションを中心にした為替チームに入った。

グローバルブック

「GSでは、グローバルブックでポジションを管理していました。つまり世界中で一つのポジションを管理します。ポジションをニューヨーク、東京、ロンドンと回すわけです。一方、当時シティバンクなど商業銀行は、支店単位でポジションを管理運営するローカルブックでした。支店の数だけポジションがあるわけです」

向坊の声は高く、早口だ。口髭を蓄えた精悍《せいかん》な顔から受ける印象とは全く違う。

「グローバルブックだと、大きなポジションを効率的に管理できます。支店単位だと、組織全体としては無駄なキャピタル（資本）を使わなければならない。組織の持つリスク許容能力を十分発揮できない。グローバルブックでは、24時間細かくポジション管理をできます」

「(グローバルブックで東京の役割は)全体のポジションが持つリスクのガンマ分をヘッジしたり、利食ったりします。それに顧客にプライスを出します」

東京市場の特徴

東京市場での本格的なオプション取引のパイオニアの一人である向坊は、通貨オプション取引での東京市場の特徴として、次の点を挙げた。

「東京の客は、オプションを売る人が多い。この傾向はヨーロッパにもあります。それに対してニューヨークの客は、オプションを買う人が多いですね」

「その理由はたぶん会計処理の違いだと思います。当時、日本、イタリア、フランスの事業法人は、オプションを売っても、ポジションを時価評価しなくて済んでいたからだと思います」

通貨オプションの市場は東京でも急速に拡大していく。通貨オプションはそのリスクヘッジのため（デルタやガンマなど）、通常の外為市場に参入する。その金額が大きくなるにしたがって、為替相場の形成に大きな影響を与えるようになっていった。

「通貨オプションから発生する為替のボリュームは、今や当初の10倍以上になっている。これは実需でなく、オプションのポジションが生み出す投機の部分です」

通貨オプションのリスクヘッジのため、特定のレートでの為替の売買が行われる。為替相場の説明のなかで、オプションに絡んで「防戦売り、防戦買い」などのコメントはよく耳にする。重要なチャートポイントのような影響を市場に及ぼすことも珍しくなくなっていく。

「東京では当時2、3行がオプション市場を牛耳っていました。GSのシェアが50%を占めたこともありましたね」

GSの為替市場での台頭は、一般の為替ディーラーにとって最初は不可解だった。当時、外為市場は商業銀行、特に大手米銀によって牛耳られていた。インベストメントバンクは資本規模も小さく、海外支店の数も少ない。外為市場では小さな市場参加者であった。通常の為替ビジネスもあったが、当初は債券や株に絡んだ本店の注文を実行する程度だった。

それが突然キャッシュマーケットでも、大口の売買を始めたように見えたのである。オプション市場でのビッグプレーヤーは、次第に通常の外為市場でも無視できない存在になっていった。

円クロスのボラティリティに注目

「東京の円クロスのビジネスは大成功しました」

GSが東京でオプションビジネスに成功した要因の一つは「円クロスのボラティリティに注目したからだ」。

「ドルが基軸通貨で動いている市場では、ドル対その他通貨のボラティリティに対し、クロス(ドルを含まない通貨間の為替レート)のボラティリティが相対的に低い」

その他通貨の変動はドルに対して相関関係が高く、その他通貨間の変動は低くなるからだ。

「ところが80年代後半から90年代へかけて、ドル離れが起きていった。欧州が独自の通貨圏を持つ方向に動いていったからです。その過程で、ドルの方向に完全に引きずられていた通貨の動きが、徐々に独自に動くようになったのです。ほとんどドルに関したニュースでしか動かなかった相場が、それ以外の要因で動く頻度が高まったのです」

「しかしクロスのボラティリティは、それまでと変わりませんでした。そこで円クロスのボラティリティを買ったのです。同時にドル対その他通貨のボラティリティを売りました。とにかくこの取引を続けました。3～4％のボラティリティで取引されていたスイス円、マルク円、などを買い続けました。日本では、オーストラリアドル円のボラティリティを売る金融商品も出始めていたので、それらも買い続けました」

90年代は欧州通貨危機（92年）メキシコ通貨危機（94年）、アジア通貨危機（97年）ロシア金融危機（98年）と、世界は激動を続けた。

「クロス円のボラティリティは次第に上昇し、大きな利益を上げることができました。世界の市場では、ドル基軸体制が弱まり、円、欧州通貨（マルク）とともに三極化が進むとの見通しで立てた戦略の正しさが証明されたわけです」

大事件とボラティリティ①――イラクのクウェート侵攻

円クロスでの全般的な成功の一方で、大事件の発生した局面では、大きな痛手を被ったことがあった。

90年8月、イラクは隣国クウェートに侵攻した。そのニュースが伝わると、東京市場では146円台をつけていたドル円相場は148円台へ、ドルマルクは1・58台から1・59台へと上昇した。さらにロンドン市場でドル円は151円台まで急騰した。有事のドル買いと原油価格の上昇で、特に円が売られたのだ。

「ドルマルクのボラティリティはショートにしていたので、事件発生と同時にボラティリティを買いました。ドルマルクの為替も買いました。しかしうまくいかず、結局ポジションを切る羽目になりました」

市場でドル買いは続かず、8月の終わりころにはドル円は143円台、ドルマル

クは1・55台へとドルは軟化した。ボラティリティも低下した

大事件とボラティリティ②——ソ連のクーデター

向坊は1年後、同じミスを犯してしまう。91年8月、ソ連でクーデターが発生したときだ（47ページ参照）。

「クーデターが起きる前、ドルマルクのボラティリティがショートになっていただけでなく、ドルマルクの為替のポジションもショートにしていました。クーデター発覚後、ドルを買い、ボラティリティも買えるだけ買いました。ポジションをひっくり返したのです」

「（ところが）結局ボラティリティも為替レートも、元に戻ってしまいました。ショートでやられ、ロングでやられ、ひどい結果になりました」

向坊は2度のミスを通じて「ドルマルクのボラティリティは、事件後直ちに買っても、その価値を持続できない」ことを痛感した。

流行の金融商品と超円高

通貨オプションは、80年代後半から90年代にかけて、流行のビジネスであった。通貨オプションは、為替差益を狙ってリスクを取るトレーディングの手段である一方で、顧客にとっては輸出入などに関する為替リスクを回避するためのヘッジ手段でもある。

金融機関は従来、為替リスクのヘッジ手段として先物為替を中心に顧客に提供していたが、ここにきて新たなヘッジ手段として、通貨オプションを組み入れた金融商品を積極的に開発し、ビジネスの拡大を狙った。

顧客にとって、特に輸出業者にとっては、円高傾向が続いた80年代後半から90年代を通じて、いかに効率良く為替リスクをヘッジするかは重要な問題であった。

「輸出業者は、先物でヘッジをするとドルと円の金利差によってドルが安くなるため、オプションなどのデリバティブを使うようになりました。ドルプット（ドルを売る権利）の購入になりますが、オプション料を安くするために工夫された商品が、爆発的に出回ったわけです」

「その中の代表的な商品の例が、ドルプット1単位の買いに対して、ドルコール（ドルを買う権利）をその3倍から10倍売る商品と、ドルプットにノックアウト（*ＫＯ）などの条件を付ける商品です」

こうしたオプション料を安くした商品は、先物為替予約と違って、完全なヘッジにはならない。相場展開によってはオーバーヘッジ（必要額以上のヘッジ）になったり、ヘッジが消滅したりするからだ。

ドル円は、90年4月には１６０円を超える局面があったものの、その後は下落傾向をたどり、94年には１００円を突破、そして95年4月には79円台にまで一気に下落した。これまでの円の史上最高値である。いわゆる超円高だ。

「円高が想定外に大幅に進んだため、ドルプットのオプションがノックアウトされ、ヘッジが消滅してしまったのです。そのためノックアウトオプションを購入していた輸出業者はドル売りをせざるをえず、それがまた円高を加速するという悪循環に相場が陥ってしまった。超円高を生み出した要因の一つは、こうしたオプションの存在でした」

＊「ノックアウトオプション」と言い、あらかじめ定められたレートに相場が達すると、オプションが消滅（ノックアウト）する。それだけオプション料が安くなる。

輸出のドル買い？

ドル円は80円割れをした後で、急速に戻すことになる。95年の終わりには１００円を超え、以後上昇傾向をたどった。98年には１４０円を超えて１５０円に迫る勢いだった。こうしたドル上昇の背景にも、通貨オプションの存在があった。

「円高が反転した後のドル上げも想像以上に大幅で、ドルプット1単位に対してドルコールを何倍も売っていた輸出業者のドルコールの売りが、すべて行使されました。ドル売りのポジションが大きくなりすぎる、オーバーヘッジ状態になってしまったわけです。それで輸出業者は、売りすぎたドルを買い戻さなければならない羽目になりました」

「こうして損切りのドル買いが、毎日わいてくるような状況が生まれました。それでドルが上昇し、さらにドルコールの売りが行使され、オーバーヘッジ状態が続くという悪循環に陥ったわけです」

このようにして、本来ドル売りをするはずの輸出業者が、ドル買いをするという奇妙な現象が続いた。これらのことは為替のリスクヘッジについて、さまざまな教訓を企業に与えることになった。デリバティブ（通貨オプション）は、優れたリスクヘッジ手段ではあるが、利用の仕方によってはかえってリスクを拡大させる要因にもなってしまうのだ。

市場介入と情報

超円高からの反転は、相場の自立反転だった。当局はそれまで、介入で円高を止めようとしたが効果がなかった。だが自立反転で相場が多少戻っても、市場のドルに対する弱気な見方は根強かった。

向坊は、ドルが戻す局面でも、上昇が止まるとドルをショートにしていた。

「GSのトップが来日していて、いくつかの金融機関や当局を訪問しました。彼らとのミーティングを重ねるなかで、当局がドル円相場をさらに戻すために行動を起こすかもしれない、という感触を得ました」

「私自身は、ドルが下がると思っていました。でも会社のトップからの助言なので、急いでショートを全部閉じました。そしてこわごわロング（買い持ち）に転じました」

95年7月、当局は利下げとともに介入を実施、ドル円相場の押し上げ介入を繰返した。しかも海外への投資を促進するための措置も打ち出した。ドル円相場の上昇トレンドに拍車がかかった。

「最初は介入に対して、多くの市場参加者はドルを売り込んでいました。超円高に至る過程でも、それが功を奏していましたからね。しかし介入額が膨らむにつれて、マーケットは反転の勢いを強めました。私はその後も介入をバックに、ドルを買いました」

「それでもドル買いが毎回成功したわけではありません。介入があると思っていたら実際はなくて、ドル円があっという間に2円ほど下がったこともありました。そのときストップロスが、指示したレートよりも50ポイントも悪く実行されました」

通貨オプションを使った市場介入

超円高に至る過程で、日銀は介入を繰り返したが、あまり効果はなかった。オプションのようなデリバティブの発展による市場規模の拡大と、取引の複雑化もその一因であった。当局の従来型の対応では難しくなっていた。

そこで向坊は「通貨オプションを使った介入を日銀に進言した」。通常のドル買い介入に比べ、通貨オプションを使った介入のほうが、少ない介入資金で効果が上がると考えたからだ。

具体的には、市場で増え続けるドルプット、円コールの買いに対して、日銀がドルプット、円コールを介入銀行に売る方法が最も分かりやすい。また日銀がドルコール、円プットのオプションを介入銀行から買っても、介入銀行はヘッジのためドル円を買うので介入効果が期待される。

結局、日銀も通貨オプションを使った介入を研究したようだが、実施には至らなかった。通貨オプションを使うと、会計上の仕分けが難しくなるとの理由のようだった。

ドル円直物月足（1973年1月～2007年12月）

市場の変化とボラティリティの低下

「21世紀になってから市場は変わりました。どのように変わったかというと、一つには、オプションの価値が過大評価されたり、過小評価されたりする状態が続かなくなりました。ゆがみができても、すぐに適正価格に収れんするようになりました」

「もう一つは、市場でのオプション取引が拡大し、通貨の動きがオプションに支配されるケースが増えてきました。オプションの大きな取引がないときは、相場が動かない傾向が出てきました」

「それにボラティリティが低下傾向にあることです。これはオプションの期間の長期化によるものです。５年、15年、30年と、長い期間のオプションを組み入れた金融商品が出てきました。これらはオプションの売りがほとんどですから、ボラティリティには下落作用が働きます」

「こうしたなかでドル円の変動幅はどんどん狭くなってきました」

これを受けて向坊のトレーディングスタイルも変化を迫られる。

ファンドの運用

「03年からファンドの運用をやっています。05年後半から06年初めまで、原油相場のＯＴＭ（アウト・オブ・ザ・マネー）のコールを買い続けました。ボラティリティが45～50％もありました。原油相場が荒れてうまくいきました。今はエネルギー株のオプションを買っています」

向坊はファンドの運用に際して、通貨は全体の６～７割に抑えている。

「最近の通貨の市場ではプロはあまり儲かりません。プロは日本経済や株が回復しているにもかかわらず、円の売られている状態がおかしいと思っているからです。そこで事あるごとにドル円やユーロ円を売るのだが、相場は1～2日で戻ってしまう」

向坊もこうしたことを何度か経験した。

「それに日本の個人や、新興市場国の中央銀行や、政府系投資機関のＳＷＦ(Sovereign Wealth Fund)など、新しい市場参加者の影響力が格段と強くなっている。こうした点も従来のプロのディーラーが儲けにくくなっている要因です」

個人投資家へのアドバイスと優れたディーラーの条件

「ここ数年、個人はおおむねうまくいっているので言いにくいが……。個人が購入している金融商品はほとんど、オプションの売りや金利差を利用したものなので、大きな動きがあるときは損をする。それを認識してほしい」

この点は通貨に限らず、株や債券でも同様だ。高い利回りの金融商品が、実はオプションを売っているために実現している場合がある。だが個人にはオプションのリスクを負っている自覚がない。こうした商品を売る側の金融機関も、よく理解していないことがあるので始末が悪い。だから自分で理解に努めるしかない。

「市場では、いつも負けるディーラーはいても、いつも勝つディーラーはいません。だから優れたディーラーとは、長期的に、ある程度の確率で勝ち、利益を残せる者のことです」

向坊が自分の経験や、複数の金融機関で一緒だったディーラーたちから判断した、優れたディーラーに共通している要素は次のようなものだ。

●自分に冷めたところがある
●自分を天才と思わない
●チャンスのときに手が出る
●ダメなときあきらめがつく、ずるずるポジションを持たない

向坊自身もこうした条件を備えているだろう。

5. 吉田稔 ファンド興隆期と新興市場国の復権 ——五つのモデルによって運用方針を守る

吉田稔（よしだ・みのる）……1956年生まれ。シティバンクの東京、シンガポールで為替取引の経験を積んだ後、米国の資金運用機関スカダーで為替のファンドマネジメントに従事。その後ドイツアセットを経て、現在UMJで為替の投資信託を含め、複数のファンドを運用する。

吉田は合気道をやっているせいか姿勢が良い。理路整然と丁寧に話をしようとする。そのせいか堅実な印象を与える。時折示す目の鋭さがなかったら、相場の世界に長年携わってきた人とは、誰も思わないだろう。

9・11同時多発テロ

２００１年９月11日、とんでもない事件が起こった。吉田はそのとき、自宅のテレビで飛行機がＷＴＣ（ワールドトレードセンター）のビルに激突する瞬間を見ていた。

「その瞬間は、自分の運用するファンドのことよりも、現実に起こったことの衝撃に呆然としました」

株も、債券も、ドルも売られた。ドル円は１２１円台から１１８円台に下落した。ユーロドルは０・９０を割れていた相場が０・９１台に戻した。ドル円は10日後に１１５円台になった。

しかし日銀の介入や、米国人ディーラーの愛国心に基づくドル買いもあり、ドルは急速に戻り基調をたどった。月末ごろには９・11の前の水準まで上昇した。

「現在でも、このときの経験は尾を引いている」

吉田にとって、この局面は非常に難しく、かつフラストレーションの溜まるものだった。

「同時多発テロ後の相場の乱高下のなかで、モデル運用の建前上、以前シティバンクでやっていたように、ここで下がると思っても売れなかったし、上がると思っても買えなかった。ただ自分の運用システムが出すシグナルを待つだけでした。システムが出すシグナルに従って売買することは、顧客にコミットした運用方針です。それに自分自身にも固くコミットしたことですから」

このとき、吉田のシステムは、ドルが下がった水準で売りのシグナルを、上がったところで買いのシグナルを出した。それらは吉田個人の相場感覚とは逆だった。だが、吉田はシステムに従った。結果、この月の運用成績は悪かった。

「しかし長期的に見れば、自分の運用方針に忠実に従ったことは、顧客の信頼を得るためにも、自分自身の経験を深めるためにも、悪くはなかった。ただ最善であったかには疑問が残りました」

そのときの経験を踏まえ、「その後、運用するファンドの一つに、システムに基本的に従いつつも、テロ、暗殺、大災害など大きな事件が起きたときは、自分の判断で売買できる部分を加えました」。

「ただし、それは新しいポジションを作るためではなく、緊急避難的にリスクを減らすときに限るという条件付きです」

ファンドの運用方法と五つのモデル

吉田はシティバンクで為替ディーリングの経験を積んだ後、98年から米国の資金運用会社であるスカダーで資金運用の世界に入り、企業合併のため02年にドイツアセットに移った。そして05年からは日本の運用会社UMJにいる。

スカダーでは9億ドル規模のカレンシーオーバーレイを担当、顧客の外貨債権のヘッジを行った。ドイツアセットでは20～30億ドルの投信ファンドの運用にかかわった。UMJでは、通貨の投資信託も含めた複数のファンドの運用を担当している。運用額は「40～50億ドル」だ。いずれの場合もシステムトレードである。

「私が使っているシステムは、五つのモデルから構成されています。それぞれのモデルから売買のシグナルが出るたびに、全体のポジションの5分の1を調整します」

「一つ目のモデルは、相場が抵抗線、支持線をブレイク（突破）したときにシグナルが出るもの。二つ目は、トレンドラインをブレイクしたときに出るものです」

「三つ目は、モメンタム系のモデルです。ＲＳＩ（Relative Strength Index）など。これが唯一の逆張り系のモデルで、ほかの四つのモデルはすべて順張り系のものです。したがって私のモデルは全体としては順張り系のトレンドフォローモデルといえます」

「四つ目は時間検索のモデルです。過去の相場での時間によるパターン認識を利用したものです。一定の時間が経過したらシグナルが出ます」

「五つ目は市場の持ち値を探るものです。一般的に人は、自分が買い持ちのとき、スポットレートが持ち値に近づくと、ポジションを切る傾向にあると判断します。つまり過去の一定期間の最安値や最高値とスポットレートが重なったとき、市場全体の買い持ちポジションが整理されると判断します。そこでポジションを切るわけです」

「ドルが上昇している場合、過去Ｘ日間の最安値とスポットレートは乖離していきます。ただ、いつかドル相場が下がり始めると、過去Ｘ日間の最安値とスポットレートが重なります。そこでポジションを切ります。ストッププロフィットになります。このモデルでは最高値では利食えませんが、上昇トレンドをかなりの程度追求できます。システムに入力するレートは、寄り付き、高値、安値、終値の４本値です」

システムの実績と有効性

吉田の使っているシステムは、40～50％のリターンを追及するものではない。順張り系のモデルだが、五つのモデルを使ってリスクを分散させている。レバレッジも１・５倍と小さく、10～15％の収益を目指す。比較的小さなリスクで安定的な収益を目指す戦略だ。

「00～05年までの平均収益率は年11％以上でしたが、06年は６％に下がりました。為替レートの変動率が小さかったことが要因です。それでも年ベースの損失は一度もありません。ただ今年（07年）は今のところ半年を過ぎましたが苦戦しています」

05年と06年は、世界中の為替ファンドにとって苦しい年だった。損失を被ったファンドも少なくない。それらのほとんどは、高いリターンを目指したファンドであった。

吉田は、自分のシステムの欠点として、二つの点を挙げる。一つは、事件などで相場が突発的に大きく動いたときに対応しきれない点だ。つまり9・11のときのように「だまし」にあう可能性が高いことである。もう一つは、相場の変動幅がある程度ないと収益を上げにくい点だ。

通貨の変動と勝率の関係は「通貨の月ベースの寄り値と引け値で見て、変動幅が3％以上の場合、勝率は70〜80％に達し、2％の変動幅だとイーブン、それ以下だとロスの世界に入る」。吉田の順張り系のシステムにとって、市場の変動が生きる糧なのだ。

自分のシステムでカバーする商品については「収益の安定性の観点から判断している」。従って、なるべく流動性の高い通貨を扱うようにしている。

そして通貨の数はあまり増やさない。

「取り扱う通貨ペアは、ドル円、ユーロドル、ユーロ円、ポンド円、オーストラリアドル円です。株の場合、いろいろな業種があり、互いにヘッジが効くので分散投資は収益の安定に役立ちます。しかし、通貨はほとんどドルにリンクしているので、通貨数を増やしても収益の安定には繋がりません」

吉田は自らのシステムに自信を持っている。実績を残してきたことが裏付けだ。

「これまでにシステムを一度も変えたことがなく、当面変えるつもりもありません」

「市販のシステムなどもテストをしたことはありますが、それは他人がどんなことをやっているかを知るためです。自分で使うつもりは全くありません」

「ただ自分のシステムが、いつ有効でなくなるかという不安と恐怖は、いつも抱えてきました。もちろん現在も」

ダイレクトディーリングの恐怖

吉田が運用の世界に入る前は「シティバンクで〝切った、張った〟の世界にいました」。

同じ為替といっても、そこは全く違う世界と言っていい。

「運用の世界では、自分の判断で為替のポジションを持つことができます。だがシティバンクでは違いました。ポジションを持ちたくないときでも持たせられるし、ドルが上がると思って買い持ちにしていても、たちまち売り持ちにされてしまう。銀行や顧客の求めに応じて、いつでも建値をしなければならないからです」

84年、日本で銀行間のダイレクトディーリング（直取引）が始まった。

それまで銀行間の取引は、ブローカー（仲介業者）経由であった。各銀行はブローカーに注文を出して、それをブローカーが結びつけるのだ。この場合、銀行は自分が取引したくないとき、注文をださなければいい。自分のペースで為替取引ができた。

ところがダイレクトディーリングが始まると、そういうわけにはいかない。銀行は、他の銀行や顧客から取引の値段を求められると、買いと売りのレートを出さなければならない。ただダイレクトディーリングに参加しない銀行もある。相手の銀行の了解のうえで、レートは求めるが、自分ではレートを出さない銀行もある。

「しかしシティバンクのような、為替のリーディングバンクではそういきません。市場を育てる使命感もあり、レートを求められればどんな銀行にでも、どんな金額でも建値をしなければならない。シティバンクでディーラーの仕事をすることは、自ずとそうした条件を受け入れることでもあるのです」

「自分の相場観が正しくても、ダイレクトディーリングで他の銀行に打たれて、あっという間にポジションが変わってしまう。それで何度も損をしました。相場が荒れた日に、1億ドルのクォート（建値）を1円のスプレッド（買値と売値の開き）でしたこともありました。市場で値がほとんど建たないときです。それで打たれるとカバーできず、瞬く間に損が膨らんでいきました」

吉田は、これまでに窮地に陥ったことがあるかとの質問に「ダイレクトディーリングの日々」を挙げた。

「そのときは、いつ大きな落とし穴（大損失）にはまるか、得体の知れない恐怖を感じていました。実は今でも、そのときのことを夢に見ます」

湾岸戦争

イラクのクウェート侵攻（90年8月）を契機に、イラクと西側諸国、特に米国との緊張関係は深まり、危機的様相を帯びていった。91年1月、湾岸の危機を打開するための国連事務総長の調停も不調に終わり、軍事衝突の懸念が強まった。株は売られ、ドルは全面高の様相を呈していた。ドル円は136円台まで上昇した。

吉田はそのころ、ダイレクトディーリングを担当する通貨担当のディーラーからチームを統括する責任者に昇格していた。自分のペースでポジションを持てるようになっていた。

このときのディーリング方法としては「テクニカル分析5割、フロー分析5割」だった。シティバンクでは多くの銀行や顧客、それも内外の取引の流れ（フロー）を直接見ることができる。複数の機関投資家が大口の取引を同時にしてきたり、海外のヘッジファンドが大口の注文を出してきたりする。それらの取引の流れを利用してポジションを持つ。短期のサヤ取りには有効だ。これはシティバンクのような大量のフローを見ることができる銀行のディーラーの有利な点だ。

「自分が管理するポジションを、マネジメントポジションと日々のポジションに分けました。マネジメントポジションは、相場のトレンドを狙ったもので、2週間〜

1カ月の期間でポジションを見ていました。ポジションの金額は5000万~2億ドルぐらいです」

「財布を二つにしたことは、どちらかがだめでもヘッジになる点で、結果として良かった。ただし、ポジションを持つ動機付けを明確にしておかないと、ごちゃごちゃになって、ただリスクが増えるだけになってしまいます」

それでも吉田が最も悔しかった局面は、この時期に訪れた。

「湾岸戦争が始まる前から、ドルの買い持ちを目いっぱい持っていました。有事のドル買いということもありましたし」

「その日の朝、病院に行っていました。米軍がイラクの攻撃を始めた日です。ポケットモニターを見ていると、ドルは一気に138円まで上がりました。ニューヨークの引けよりも1円以上のドル高です。思ったとおりだと安心しました」

「ところがそれも束の間、それからドルが急落。携帯で銀行に連絡をとろうとしましたが、運悪く携帯の電池が切れていて使えません。病院の公衆電話があるのでかけようとしたら、お年寄りが使っていました。事情を話して代わってくれと言おう

ドル円直物日足（1990年12月4日～1991年2月4日）

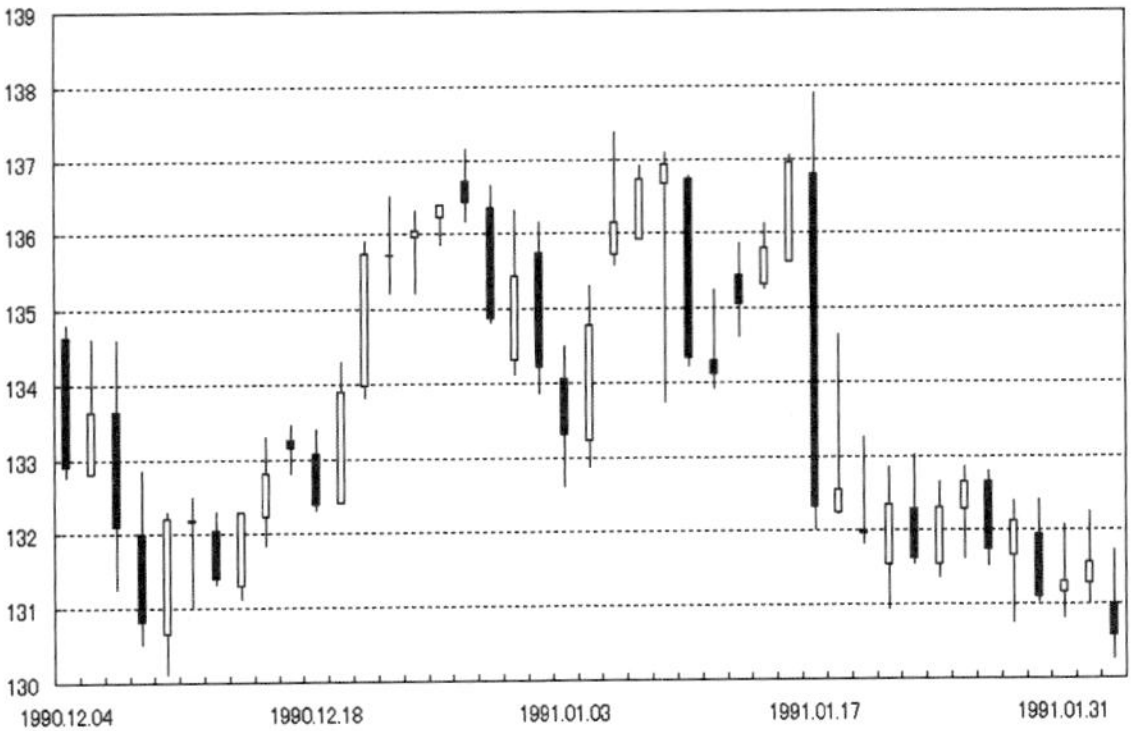

としたのですが、そんな雰囲気でもありませんでした。待っている間にドルがどんどん落ちていきました」

ドル円は午前中に134円まで急落、後場には133円台まで下がった。結局、この日の東京市場の変動幅は4円70銭。1日の変動幅としては85年のプラザ合意以降最大だった。

「このときは垂直に落ちるジェットコースターに乗っているような感じで、心臓が冷たくなりました。結局ポジションは切り、損を出しましたが、損失額からいえば9・11のときよりも大きかった」

テクニカル分析を重視する理由

吉田がテクニカル分析を重視する理由は二つある。それはシティバンク時代の経験によるものだ。

「一つは、ファンダメンタルズ分析に基づくディーリングには、自分の意見や感覚に固守する傾向があるからです。特にシティバンクのように多くのディーラーを抱えている場合、皆が自分の意見に固守すると、どうしても相場観にバイアス（偏り）がかかってしまい、全体として実際以上に強い相場観になってしまいます。それで必要以上のリスクを取る傾向になってしまう」

「もう一つの理由は、客観性を持つもののほうが、第三者に対して説得力があると思うからです。主観をできるだけ除いていこうと心掛けていたら、テクニカル分析にたどり着いたということです」

それに吉田には苦い経験がある。シティバンク時代に、自分の相場についてのコメントがメディアに紹介され、評判が良くなかったことだ。

「私の相場観が違っているとの批判でしたが、相場についてコメントするとき、自分の想定している期間と、受け手の想定している期間が違えば、結果も違ってきます。例えば、ドルが下落するとコメントして、1週間後は高くなっても、1カ月後に下落することもあるわけです」

こうした経験も、吉田がテクニカル分析を重視するようになった背景のようだ。テクニカル分析のほうが売買のタイミングやレート水準を明確にできるからだ。

「メディアに載っている相場観についてのコメントは、すべてが正しいとも言えるし、すべてが間違いであるとも言えます。つまり受け手の時間軸によって、そのコメントが有用にもなるし、弊害にもなるわけです」

「分刻みでディーリングをする人と数週間単位でディーリングをする人が重視する材料は異なるし、相場観が違ってきて当然です」

市場の変化と「日本の小鬼たち」

吉田は、80年代前半から現在まで市場に身を委ねてきたが、最近、市場の変化を特に感じている。

「ネットトレーディングの環境が整ってきたことが大きい。特にここ2、3年で、市場参加する個人の数と金額が増加しました。為替は株と違い24時間取引できるので、仕事が終わって家からでも市場参加する人が増えました」

「個人の市場参加が増えるとともに、ドル円の変動幅が小さくなりました。個人の円売りが、貿易収支の黒字から発生する円買いを相殺するほどになっている。円金利は低いまま、外貨預金はすぐに逃げられない、日本株の上昇も鈍い、こうした状況で、個人は外貨取引の円売り一辺倒になっています」

「去年（06年）の変動幅は、年間10・5％で33年ぶりの小幅なものでした。これだと私の運用に逆風になります」

市場では、最近の日本の個人パワーを活発な為替投機家の代名詞である「スイスの小鬼たち」になぞらえるほど、「日本の個人（主婦）効果」に注目が集まっている。「キモノトレーダー」「ミセスワタナベ」などと海外メディアにも頻繁に登場するようになった。円高になっても、日本の個人（主婦）が円売り外貨買いをするので、円高傾向が続かない。相場は元に戻るというのだ。

「個人（主婦）がプロのディーラーやファンドマネジャーを凌駕している。でも、うまくいき過ぎている。相場の潮目が変わったとき、ついていけるのか」

吉田は個人がこれまで成功している理由の一つに「リスク管理をしていないこと」を挙げる。

「持ち値よりも下がった株をいつまでも塩漬けするように、個人は為替で含み損を抱えてもポジションを切らず持ち続ける傾向がある。いつか戻ると信じている。まるで宗教の世界です。確かに時間は彼らの武器です。職業で為替をやるものはそうはいかない。一定の期間で決算しなければならない」

「しかし、これだけ一方向のポジションがたまってしまうと、潮目が変わったとき一斉に反対売買が起こり、追証が発生するところで止まらないリスクがある。こうした市場に内在するリスクを個人や為替証拠金の業者はどう考えているのか」

ファンドの将来

吉田は運用の世界に入ってよかったと思っている。

「銀行時代の〝切った、張った〟のディーリングはもうできない。いつもやられないように準備しなければならず、精神的にも肉体的にもかなりきつい。運用の世界のほうが、長くできるような気がします」

ファンドは世界的なブームになっている。いやブームというよりも、経済のグローバル化を先導する役割を果たしている。もはや一過性の存在ではないだろう。その点で、資本主義の新しいステージでの重要なプレーヤーだ。

ファンドには、ヘッジファンドやプライベートエクイティーファンド（未公開株ファンド）など、いくつもの種類がある。数も規模も拡大の一途を辿ってきた。ヘッジファンドの数は今や1万本、運用資産額は1兆ドルを超えると推計されている。

米国で興隆したヘッジファンドは英国でも盛んになり、シンガポールや香港でも増加は著しい。だが、ロンドン、ニューヨークに次ぐ外為市場を持つ日本では、その市場規模の割にヘッジファンドの数は非常に少ない。なお直近のＢＩＳ（国際決済銀行）による外為市場調査（07年4月）では、これまで世界第3位の規模を有していた東京市場が、スイスに抜かれて4位に転落した。

「日本でヘッジファンドが育たないのは、その予備軍たるべき日本の金融機関のディーラーやファンドマネジャーがサラリーマンだからです。パフォーマンスが悪ければ首になるリスクを抱えながら仕事をしてこなかった。だからヘッジファンドのような厳しい競争の世界で生き抜けるタフな人材が育たない」

「そうした人材面の問題と、もう一つは法律や税制の面からのサポートが乏しいこと。シンガポールなどと比べると、その差は歴然としています。だからシンガポールで登記している日本のヘッジファンドも多くあります」

最後に吉田は自分のファンドの意義について語った。

「日本社会の高齢化が進むなかで、年金の減少など、高齢者の生活環境は恵まれているとは言えません。自己防衛をしなければなりません。そのなかでファンドの果たす役割は重要になっていきます。

「特に自分のファンドは、最近流行の外国株や外国債券などに投資する為替リスクを抱えたファンドのヘッジにもなります。その点では投資家に為替分野での一つのソリューションを提供しているわけです」

吉田のリスクに対する堅実な姿勢は、自ら大きなリスクに翻弄された経験があるからこそ説得力があり、社会性を持つ。

ちなみに、前半は苦戦していた07年のファンドの収益率だが、年後半は通貨の変動率が上昇したこともあり改善し、最終的には年６％の収益を記録したようだ。

6．高橋保恵
もう一つの為替取引、金利の世界との融合
――常勝の女性ディーラー、経験値で勝負する

高橋保恵（たかはし・やすえ）……1952年生まれ　シティバンクでテレックスオペレーターからディーラーへ転じる。主に為替先物を担当。約20年間のシティバンク勤務の後、一時市場から離れるが、スタンダードチャータード銀行で復帰。

為替リスクを取るディーラーには二つのタイプがある。スポット（直物）レートの変動リスクを取るディーラーと、直物と先物のスプレッド（開き）の変動リスクを取るディーラーだ。

前者を「スポットディーラー」と言い、後者を「為替スワップディーラー」あるいは「為替先物ディーラー（フォワードディーラー）」と言う。直物と先物の開きは、

主に二つの通貨の金利差を反映するので、実質的には金利リスクを取るといえる。

高橋は、スポットを担当した2年間を除いて、一貫して為替先物を担当した。高橋をディーラーとして特筆すべき点は「負けないディーラー」であることだ。スポットを担当した期間も含め、シティバンクで負けた年がなかった。

確かに為替スワップは、直物に比べて負けにくい。特にシティバンクのように大量の顧客取引がある銀行では、ビッドとオファーの差で利益を出しやすい。しかし高橋は顧客取引だけ行っていたわけではなく、積極的に1年物や6カ月物のポジションを取りにいった。

それに顧客の中には、単に輸出入のカバー取引をするだけでなく、先物を投機対象として、銀行をヒットする者もいる。そうした状況で、スポットディーリングの年を含め、20年間負けなかったディーラーは、東京市場に何人もいないだろう。一体他にいるのだろうか。

高橋は魚屋の娘だ。そのせいか顔つきも声も、ディーリングルームよりも魚河岸のほうが似合いそうだ。威勢がいい。くよくよしない。豪快に笑う。しかもテレックスオペレーターからのたたき上げだ。

ソ連のクーデター

91年8月、ゴルバチョフソ連大統領を保守派の副大統領らが軟禁したクーデターは、為替スワップレートにも大きな変動をもたらした（スポットレート、通貨オプションへの影響については47ページ、86ページをそれぞれ参照）。

「このニュースをいち早く聞きつけた大手商社が、6カ月のドルマルクを大量に買ったのよね。私もヒットされた。それで6カ月のスワップレートが、わずかの間に50ポイントもアゲインストに動いたわけ」

為替のスワップレート（直物レートと先物レートの差、「直先スプレッド」とも言う）はスポットレートと違い、普通はこんなに動かない。しかし大きな出来事があると、時にはスポットレートのように変動することがある。

「あっという間に1000万円の含み損。でも、そのときはポジションをカバーしなかったわ。市場がパニック状態になっていたからね。1日たって、元のレートに近づいてきたときにポジションを切ったの」

「1週間くらいそのポジションを持っていれば、結果的には利食えた。だけど、私は一度アゲインストにいったポジションで儲けようとは思わない。少しのロスで切れたら、上出来だと思っている」

ポンド危機

高橋は同じような経験を何度かしている。92年9月のポンド危機のときもそうだ。

このときはジョージ・ソロスをはじめとしたヘッジファンドなどが、ポンドを大量に売った。ＥＲＭ（欧州通貨間の為替レートの変動を一定の範囲内に収めるための機構）に加盟したばかりの英国の通貨は、変動幅の下限に張り付いた。

しかし、売り圧力は強く、ポンド防衛のため当局は、ポンド買い介入ばかりでなく、金利を上げた。短期間に15％まで上げた。

それでもポンド売りは止まらず、当局はＥＲＭで定められた下限を維持することが困難になった。結局、ポンドはＥＲＭからの離脱を余儀なくされた。金利も元に戻った。

「このときは、英国系の銀行のシンガポール支店からヒットされたの。6カ月のポンドの買って売りのスワップね（直物を買って6カ月を売るスプレッドのこと）。きっとロンドン市場での動きを先取りしたのだと思う。アジア市場では、ポンドの6カ月のスワップをカバーする銀行は限られているし、ほかの銀行もこの銀行からヒットされたのね、きっと。急にレートがアゲインストに動いたの。その時点でカバーしたらかなりの損がでちゃう。やばいと思った」

「こうなったらロンドンがオープンするのを待つしかないじゃない。でもロンドンがオープンしたら、この日は金利急騰で、市場はパニック状態。レートはアゲインスト（不利）にいくばかり。そのときは焦ったわよ。どうなってしまうのかって」

「でもこんな異常金利が長く続くはずないと腹をくくったわ。待つことにしたの。結局、数日たって市場が落ち着いてから、ポジションをカバーしたわ」

為替取引の方法――三つの変動要因

為替先物ディーラーは何を見て取引しているのか。高橋は三つの相場変動要因に注目する。

スワップレートは基本的には金利差を反映するから、第一に「二つの通貨の金利動向」に注目する。しかし、そればかりが変動要因ではない。

第二は「顧客の輸出入などの先物為替取引」だ。これも相場に影響する。そうした取引が多くなると、金利裁定が働かない状況が生じる。

輸出が多く出ればドルの買って売りのスワップが多くなり、スワップレートは拡大方向に、輸入が多くなれば、ドルの売って買いが多くなり、スワップレートは縮小する。そうした取引が大量に、しかも一方向に出た場合、レートが金利裁定の枠をはみ出し、行き過ぎることがある。

「そんなときはポジションを一部カバーしてリスクを減らしながら、一定部分はキャリー（持ち越し）するの。全額キャリーするのはリスクが大き過ぎるからね」

第三に注目するのは「スポットレートの動き」だ。例えば、ドル円のスポットレートが下がれば、ドルの売って買いが多くなるので、スワップのオファーレートは逃げる。というのも、同じスワップレート（直先スプレッド）でも、ドル円のスポットレートが高いほうが、円が多めに手に入るため、有利になるからだ。つまり高いスポットレートのとき、ドルの売って買いのスワップをして、ドルが下がったとき、ドルの買って売りのスワップを同じスワップレートで実行してポジションを閉じても、円価額が多い分、利益が出る。円の運用益分の利益だ。

「だから為替先物（スワップ）のディーラーは、スポットレートの動きをよく見ているのよ」

ディーリングのテクニック

「こうした三つの要因でポジションを取るほかにも、私はある程度レートが動くと逆張りするの。値動きが早すぎるときも、逆張りね」

「ストップロスは決めておくわ。スワップレートのチャートポイントはあまり意味ないから、ポイントよりも損失額で管理するの。私は1日で1000万円やられないように注意した。1回のポジションでは、500万円の損を超えないように心掛けたわね。それを超えるようなら全部ポジションを切る」

「そうは言っても、ロシアのクーデターやポンド危機のときのように、顧客や銀行からヒットされて、どうしようもない場合はあるけど」

「ナンピンと倍返しはよくない。ナンピンはやったことはあるけど、トータルでは上手くいかなかったわ。アゲインストのポジションはとにかく一度切る。それから考える。またポジションを持つにせよ、そのほうが冷静になれる」

スポットディーリング

高橋は90年代半ばごろの2年間、スポットを担当した。担当通貨はオーストラリアドル、ニュージーランドドル、カナダドルだ。

「急にスポットをやってくれと上司に言われたの。前任者がディーリングをストップされてしまったから。でも､戸惑いはなかったわ。フォワード（為替先物）をやっているときも、スポットレートはよく見ていたから」

「それにシティ（バンク）では、たくさんのスポットディーラーと一緒に働いていたから、どうするかは大体分かっていたわね。優秀なディーラーもいれば、そうでないディーラーもいる。いろんなお手本がいたから。良いディーラーのまねをし、悪いディーラーを反面教師にすればいいだけ」

「でも実際にスポットのディーリングをやってみると、スピードの違いには改めて驚いたわね。顧客ばかりでなく、日本やアジアの銀行からも頻繁に呼ばれるし、値動きの変化もめまぐるしい」

「短期のサヤ取りに徹したの。オーバーナイトでポジションを持つことはほとんどなかった。チャートや経済の情報なども見ていたけど、それらは儲けるための必要条件ではあっても、十分条件ではないわ。一番役立ったのは、他の銀行の協力なの」

「特にカナダ系の銀行のディーラーには助けられたわ。カナダドルのオーダー（注文）がどのレベルにあるか、市場の様子、市場参加者の癖などを教えてくれたの」

「例えば、A銀行が売ってきたら、あの銀行のディーラーはすぐにポジションをひっくり返すから、ポジションを切るなとか、B銀行の場合は、本店のオーダーだから、彼らの方向に逆らわず、同じ方向のポジションを持てとか」

「ほかにもシンガポールの銀行のディーラーが協力してくれたわ。私がA銀行に打たれて困っているとき、連絡をくれてね。彼がA銀行をたたくから、ポジションを半分切って待ったほうがいい、とかね」

「フォワードをやっているときから、できるだけ多くのディーラーと親交を結んでいたことが、大いに役立ったの。私の財産ね。そのおかげでスポットの2年間、大儲けはできなかったけど、数百万ドルの利益を上げることができた。月単位では2～3度、損は出したけどね」

1000本のポジションを持たされる

高橋がフォワード取引をしているときに他の銀行に助けられた例として挙げたのは、高橋がアシスタントからディーラーへ昇格して間もないころのことだ。

「いくつかのブローカーに頼まれて、6カ月のスワップレートのビッドとオファーを出したの。そしたらすべてヒットされてね。合計1000本（10億ドル）。相手は日本のC銀行。そうした情報は市場にすぐ伝わるのよね。そのときの私のポジション限度額は2億ドルなので困ったわ。すぐに1000本のポジションをカバーしたら損になるしね」

「するとD銀行のディーラーから連絡があり、彼がポジションを半分（5億ドル）持ってくれると言ったの。おかげで気が楽になり、ポジションをしばらく持つ余裕ができたわ。それで結局、損をしないで済んだわけ」

高橋がスポット時代の2年間を含めて20年間、毎年利益を出し続けられたのは、こうした市場のネットワークを築いたおかげでもあるのだ。それは彼女の人柄によると言ってしまえばそれまでだが。

為替の怖さを知る

81年3月のレーガン狙撃事件のときである（41ページ参照）。

高橋は、ディーラーのアシスタントをしていた。テレックスオペレーターから転じて間もないころだ。ディーラーの指示で銀行に電話をしたり、ディーラーのポジションを記録するのが主な仕事だった。ロイターのディーリングシステムやEBS（電子ブローキングシステム）などがない時代で、取引は電話かテレックスで行っていた。

「朝からひどく忙しい日だった」

高橋は、自分の仕事で手いっぱいで、実際に市場で何が起きているのか、正確には理解していなかった。当時、東京市場は12時から1時半まで昼休みだった。

「昼休みになって、ディーラーたちが席をはずしていたの。私は電話番として残っていたのね。するとシンガポールの銀行から電話があった。電話に出ると、ドルマルクのスポットのプライスを求められたの。通常はディーラーにレートを聞いて、それを伝えるのだけど、ディーラーがいないから取引を断ろうと思った」

「でも100ポイント（ビッドレートとオファーレートの差）でプライスを出したわけ。100ポイントなら、どうせ打たれないと思ったからね。何だか自分でプライスを出してみたい気持ちだったのよ。たまにはディーラー気分を味わいたかったのね。断るのも、自分が一人前じゃないようで悔しいじゃない」

当時のドイツマルクのスポットレートのビッドとオファーの差は、アジア市場では通常10ポイントだった。取引金額は2、3本（2000、3000万ドル）が一般的で、1000万ドルの取引は大口だった。

「1000万ドル、ユアーズ（売り）されちゃったの。焦った。とっさに、2本（2000万ドル）だけ受けた。プライスを出した以上、最低2本くらいは受けないとまずいことは、何となく分かっていたから」

「すぐに2本をカバーしようと、香港やシンガポールの銀行に電話をしたけど、どこも繋がらない。マーケットがどうなっているのかも分からず、必死にカバー先を探して世界中に電話をかけまくったの」

「結局、シティバンクのサンフランシスコ支店でカバーできた。そのとき初めて、レーガンが死んだという噂で、ドルが急落していることを聞いたわけ」

「このとき、いくらでカバーしたのか覚えていないわ。それだけ動揺していたのね。かなり下がったところでカバーしたことだけは確かかね」

「ディーラーたちが戻ってきて、この件を報告すると、マルクディーラーがチーフディーラーの席に行って、深刻そうな表情で話を始めたの。私は、まずいことをしてしまったという気持ちでいっぱいだった」

「でも直接怒られはしなかったわ。後で聞いたのだけど、損失額のことよりも、権限のない人間にディーリングをやらせたことが問題になったらしい」

「この一件で為替の怖さを知ったわ。自分のキャリアの早い段階で知ったことは、かえって良かったと思う。この経験が、その後の自分のディーリングスタイルに影響したことは確かかね」

窮地に陥ったこと

「ディーリングそのもので窮地に陥った記憶はないわ」

長い間ディーラーをやっていれば一度や二度、窮地に陥ることがあっても不思議ではない。むしろそれが普通だろう。だが、高橋にはそうした経験がないようだ。これは窮地に陥っても高橋がそのように受け止めないのか、あるいは彼女の記憶から消し去られてしまったからかもしれない。

しかし、彼女の慎重なディーリング方法を考えれば、窮地に陥ったことがないというのもうなずける。儲かりそうだと思っても、ポジションを半分にしておくことや、他の銀行のディーラーたちの意見を聞いて、自分の考えに固守しない姿勢が、窮地に陥りにくいディーリング体質を作ったのかもしれない。

同じ組織で長い間ディーラーを続けるのは、それほど容易ではない。組織の方針、上司の理解、ディーリング収益の安定性、チームワークなど、多くの条件がそろって初めて可能になる。シティバンクの東京支店で、20年間ディーラーを続けたのは高橋が初めてらしい。

それでも高橋は、シティバンクでのディーリング人生に終止符を打った。ディーリングで窮地に陥ったことがない者でも、20年も同じ組織でディーラーを続けていれば、何がしかの苦い経験はあるものだ。

理論値と経験値の争い

「01年の正月のこと。1月3日、FED（米連邦準備制度）が金利を下げたの。その少し前、シティバンクで組織変更があり、私のフォワードチームは、金利スワップのチームに吸収されたわけ。金利スワップチームのヘッドは、本店から派遣された若いディーラー。それでショートから1年までの、フォワード（為替スワップ）と金利スワップが、私の担当になり、1年から10年のフォワードと金利スワップが、彼の担当になったの。彼はチーム全体の責任者だけど、一応責任分担したわけ」

「金利が下がってすぐの東京市場で、1年のドル円の為替スワップレートをシンガポールの銀行から求められたの。金額は2億ドル。金利が変わった直後のマーケットメイクは難しいのね」

「私は400−395で出すべきだと思ったけど、チームのヘッドは410−405と計算した。彼は金利裁定の理論価格からそうなると主張したわけ。私は、フォワードは金利裁定だけでは動かないし、金利変動直後は、市場レートは過剰反応する傾向があるから、その点も考慮したプライスを主張したわ」

「金利関係の市場である金利スワップ市場、フューチャー（金利先物）市場、フォワード（為替先物）市場で、レートは同時に動かない。ズレがある。このときはフォワードが一番先に動き始めそうだったの。だからフューチャーや金利スワップのレートを見ても参考にならないわけ。市場の流れを読んで、アグレッシブなプライスを出さないと、打たれる。そしてポジションをカバーできなくなる恐れがあるの」

「それに金利裁定の理論価格からしても、彼のプライスは穏やか過ぎると思ったわ」

「互いのプライドもあり、厳しい言い合いになったわ。彼は私を、経験に頼りすぎると批判し、私は彼を、理論に頼りすぎると反論したの。最終的には、上司である彼の主張どおりのプライスを出したわけ。こういうケースでは仕方ない」

「オファーをヒットされたわ。マーケットはあっという間に、右のほうに動き（スワップレートが縮小）、アゲインストになってしまった。200本（2億ドル）をカバーできなかった。私が主張したレートでもカバーができなくなるほど動いてしまった。しばらく様子を見たけど、さらにもっと縮小しそうだったので、ポジションをカットしたの」

「後で分かったことだけど、彼のパソコンのプログラムには日本の祭日が入ってなかったようなの。外国で作成したプログラムよ」

「結局、このとき被った損失の責任をめぐっても、彼と言い争うことになり、上司との関係はすっかり悪化してしまったの」

この件をきっかけに、高橋はこの年の3月に突然、シティバンクを去ることになった。「本店の責任者から再考を促された」が、高橋はディーリングのときとは違って粘りや柔軟性は発揮せず、自分の早い決断に固守した。

こうしたディーラー同士のプライドを賭けた争いになると収拾は容易ではない。結局は、どちらかが組織やチームを離れる結果になることが多い。

実態は争いの当事者双方から聞かないと分からない。本稿は、高橋の正しさを証明するのが目的ではなく、彼女の考え方やディーリングの方法を紹介するのに適しているとの観点から、この事例を取り上げた。

市場は変わった

「私が為替スワップ取引を始めたころは、スワップレートのビッドとオファーのスプレッドが広かったの。顧客取引をビッドレートあるいはオファーレートで仕切って、その中間のレートで、市場からカバーすれば簡単に儲かったわね。だからポジションをキャリーする（持ち越す）ことなく、カバー取引だけでも十分に利益が出たわけ」

「私はそれだけではつまらなかったので、金利ベースのポジションを別に50本（5000万ドル）ほど持っていたの。80年前半までは、そんな感じの市場だったわね」

「プラザ合意以降は、ドルの売って買いのポジションを持っていれば儲かる時代ね。スポットレートの違いから生じる円価額の相違によるもの。スポットレートが動くと、スワップレートが動くという状況だった」

「そして90年代になると、1年物のスワップレートが、頻繁に動くようになったの。銀行が1年物をスポットのように打ち合い始めたからね。5～6ポイントは動くようになった。為替スワップ取引は金額が大きいから、この動きだけでも1日で1000万～2000万円は簡単に損してしまう。それまでは6カ月までで、1年物はあまり動かなかった。取引もそれほどなかったわね」

「最近の市場では、ビッドレートとオファーレートの開きはずっと狭くなり、１年物も頻繁に動かなくなった。ポジションを持つディーラーも少なくなったようね」

良いディーラーの条件

高橋が、自分の長年のディーリング経験と、シティバンクで多くのディーラーを見てきたことから導き出した良いディーラーの条件とは次のようなものだ。

「ロスカットを早くしないと、にっちもさっちも行かなくなるから、すぐにポジションを切れること」

「売買を頻繁に繰り返しても最終的にはあまり儲からないので、ポジションをある程度長く持つときの思い切りの良さがあること」

「市場に逆らわない謙虚な姿勢を持てること」

「それにディーリングではいろんなことが起こるから、何事にもくよくよしないこと」

「その点で自分は、ディーラーに向いていると思ったわ」

高橋は市場との距離をうまく保つ、バランス感覚の優れたディーラーだ。

7. 福住敞綱
夜の東京市場
——ナイトのスペシャリスト、オーダーから相場を読む

福住敞綱（ふくずみ・たかつな）……1962年生まれ　ファーストシカゴ銀行、オーストラリアナショナル銀行、カナダナショナル銀行、ミッドランド銀行、スイス銀行、スイスユニオン銀行、ナショナルウエストミンスター銀行、香港上海銀行、で為替業務に従事。89年、ミッドランド銀行入行以来、主にナイトデスク担当。現在、RBS銀行で各種金融商品の営業に従事。

東京市場で10年以上「ナイトデスク」を担当した者は、数人しかいない。福住はその一人だ。

ナイトデスクとは文字どおり、夜の仕事だ。東京市場が終わった後、東京のディーリングルームでロンドンやニューヨークの市場を戦場に、顧客ビジネスやリスク管

理をする。

昼間はカスタマーディーラーとインターバンクディーラーに分かれている仕事を一人でこなす。為替の総合的な経験と処理能力が要求されるうえに、昼夜逆転の生活が続くので、体調管理にも配慮が必要になる。病気がちの両親を昼間病院に連れて行かなければならない事情があったとはいえ、ナイトデスクの仕事を10年以上続けることは、誰でもできることではない。

福住は、そのいかつい外見に似合わず、ソフトで丁寧な口調で話をする。早口なのは、一人で何役も迅速にこなさなければならない、ナイトデスクの仕事から身についた習性なのだろうか。

ナイトの仕事

「ナイトでは人が少ないので、一人でいくつもの電話に対応します。顧客のさまざまな質問に、いつでも的確に答えることも重要な仕事です。それも短時間で処理しないとこなせません」

「取引したい顧客には、素早く、良いレートを出します。私は『産地直送の為替レート』と呼んでいますが、人の介在が少ない分、それだけ良いレートを提供できるわけです。自分でもある程度リスクは取ります。顧客取引をそのまま市場に流しても、損をする場合がありますから」

「たくさんのオーダー（注文）を顧客、昼間のディーラー、それに本支店から預かっているので、市場の動きを見ながら実行しやすいもの、注意を要するもの、そのままマーケットに流すもの、ある程度自分でリスクをとるもの、に分類します」

「オーダーは、ストップロスと利食いが多いのですが、ストップロスがどのレベルにあるのかを知ることが重要です。ストップロスが多い水準ではそこを超えると、動きが加速する傾向があるからです。だからストップロスがついたら、自分はその方向でポジションを持つわけです」

イベント性が高い海外市場と退屈な東京市場

福住がナイトデスクを長くやってきた理由の一つは「海外市場のほうが、東京市場に比べてはるかに面白い」からだ。

「海外市場のほうが、経済指標にしても、政策当局者の発言にしても、時間ごとに何かしらのイベントがあることが多く、それでレートが動く。それにロンドンの午後4時のフィックス（値決め）のときも重要です。アセットマネジャーなどが、このときのレートでポジションの評価などをするので、いろんな思惑が入り、レートが動きやすい」

「一方、昼間の東京市場は、全体としてポジション調整の市場で、値動きが少ない。午前8時50分の指標の発表、9時55分のフィックス（仲値）と続き、午後にも発表される指標もありますが、注目されるものは少ない。市場としてイベント性に欠けています」

福住の考えでは、東京時間での売買で為替取引を完結するのは、現実のマーケットにそぐわない。

「だから為替取引をするなら、ロンドン勢が市場に入ってきたときにポジションを持てばいい。昼間の東京時間は、市場をモニターしていれば十分です」

五つの事例

福住はナイトデスクを担当している間、特に印象残った局面として、五つの事例を挙げた。

①ソ連のクーデター（91年8月、47ページ、87ページ、119ページ参照）

「このときは東京の昼間に、ソ連でクーデターがあり、ゴルバチョフは失脚したとの情報が伝わりました。それでドルマルクが高騰しましたが、夜になると、ゴルバチョフは健在という情報が流れ、ドルマルクは急落しました。とにかくマーケットは大荒れで、レートを出すのに一苦労しました」

「他の銀行では、100ポイントのクォート（例えば、1・4250─1・4350のような建値）もあったようですが、私は10ポイントで、クォートしました。顧客にはかなり評判が良かったですね」

「荒れたマーケットでも、市場の流れを読み、自分でリスクを負う覚悟があれば、損もしないで、良いレートを顧客に出すことができます」

「この局面がきっかけで、米銀の東京支店が、ドルマルクの通貨オプションで約10億円の損を出しました。それほど荒れた相場だったわけです」

②ポンド危機（92年9月、120ページ参照）

英国は、ポンドの安定を求めて、90年10月にERM（欧州通貨間の為替レートを一定の範囲内で変動させるための機構）に加入した。英国の不況が長引き、ERMで最強の通貨マルクに対してポンドは、弱含む傾向にあった。だがマルクは対ドルでも大きく買われていたことから、ポンドの対ドルレートは、92年8月に2・0以上であった。

「当時ジョージ・ソロスは、ポンドは過大評価されていると見ていました。ERMのポンドの下限値2・778マルクも、ポンドドルの2・0以上も維持困難なレートだというわけです」

「ソロスたちのポンド売りは猛烈でした。そうした動きに対してイングランド銀行（中央銀行）が、ポンド買い介入や利上げでERM内のポンドを必死になって防衛

ポンドドル直物日足(1992年7月21日〜1991年11月30日)

しようとしていました。それでも売り圧力は強く、ERMの下限値を割ってしまった」

「9月17日の早朝、ロンドンの夜です。テレレート（当時のニュース情報サービスの一つ）に『ポンドERM離脱』のニュースが流れました。ディーリングルームには私一人だけでしたが、上司や同僚に連絡して、ポンドを売りました。それにERMの混乱でドルが上がると思い、ポンドに対してだけでなく、その他の通貨に対してもドルロングにしました」

「たまたま私は、そのニュース速報を

見ていたので素早く対応できましたが、知るのが遅れると相場が動いてしまい、そこからまだ下がると思っても、なかなか売れないものです。ディーラーにとって情報は、ただ入手すればいいわけでなく、その早さが問題です。さもないと、その情報は役に立たない」

③ルービンショック

クリントン政権の財務長官のロバート・ルービンは、米国の財政収支の改善、メキシコ通貨危機の終結などに手腕を発揮した。強いドルを標ぼうし、米国の資本市場の強化にも力を尽くした。クリントン政権発足時には、国家経済会議の事務局長としてホワイトハウスに入り、94年にベンツェンの後任として財務長官になった。

ルービンは、自著（『ルービン回顧録』日本経済新聞社）のなかで「98年に辞任を考え、そのプロセスに関して専門家に相談した」と記している。その周辺から漏れたのか、ルービン辞任の噂は市場で何回か流れた。

そのたびにドルは売られた。ルービンは、財務長官としての実績から、クリントン政権の経済面での要だと見られていたからだ。

「99年5月12日深夜、ロイターのスクリーンを見ていると、121・10だったドル円が突然、121・00で売りになり、120・80も売られました。一体どうしたと思ったら、スクリーンに『ルービン辞任』の発表が流れました。売りの嵐が続きました。あっという間に、120・00も売りになり、119・60が売られました」

「そのときです。急に120・00が買いになり、121・00まで戻ってしまったのです。これもあっという間でしたね」

「とにかく、すべてが早い動きで、変動の理由を考えている余裕はありませんでした。多くの銀行が、120・00以下でドル買い注文を持っていましたが、ほとんど実行できなかったようです」

「こうした銀行は、ニューヨーク市場の安値を120・00としました。しかし一部の銀行ですが、119・50で注文を実行したところもありました。そうした銀行は、ニューヨーク市場の安値を119・50としました。普通はどの銀行でも、その日の市場の高値、安値は同じです。違っていてもわずかです。それが、このときは銀行によって50銭も違ってしまった」

「このときの相場変動について後で分かったのですが、これまでにルービン辞任の噂は何回も出て、その度にドルは売られました。その点では、このニュースは目新しい情報でなく、それほどドル下げの要因にはならないはずでした」

「それに120・00という節目の水準では、そこを割るとストップロスの注文もありますが、ドル買い注文もたくさん市場に出されていました。つまりルービン辞任のニュースに過剰反応した市場参加者が、120・00以下で買い注文にぶつかり、慌てて買い戻したというわけです」

「Buy the rumor, sell the fact――噂で買って（売って）、事実で売れ（買え）――を心掛けていれば、こんなとき失敗しなくても済んだのです」

「このように相場は急変することがあるので、損切りは、余裕を持って実行する必要があります」

④同時多発テロ（98ページ参照）

01年1月にジョージ・W・ブッシュが大統領に就任し、3月にドル円は126円台を付けた。当時、米国はITバブルの崩壊で景気悪化の過程にあり、金利も下がり、ドル円は115円まで下落した。だが、日銀による介入警戒感もあり、9月11日のテロ直前には121円台で推移していた。

「東京の夜10時ごろでした。突然シティバンクのディーラーがロイターで『WTC air crashed』と打ってきました。ディーリングルームにはCNNテレビがつけてあったのですが、気づきませんでした。それでCNNを見たのですが、2機目がWTC（ワールドトレードセンター）に突っ込むのを見ました。最初は何だかよく分かりませんでした。映画の一場面かと思いました」

「テロだと分かって大騒ぎになりました。確かにドルは売られました。118円台まで急落しました。でも取引の件数はあまりなかった。皆、相場よりも事件に関心がいっていました。こんなときは、リスクを減らそうとする人はいても、積極的にポジションを作って儲けようとする人はあまりいなかったと思います」

「WTCには金融機関も入っていて、他人事ではなかったですね。知り合いもいたし」

「問い合わせの電話がたくさんありました。ニューヨークに電話しても繋がりませんから、私のところに来た人もいたでしょう。ナイトデスクの価値が上がりましたね」

⑤日銀巨額介入（03〜04年3月）

日銀のドル買い円売り（時にはユーロ買い円売り）介入は、03年20兆4000億円、04年14兆8000億円と、空前の金額に達した。

「介入って、たまにやるものと認識していました。ところが03〜04年にかけて、ほぼ毎日のようにやっている感じでした。しかも介入に使う銀行は特定のメガバンクでした。112・00、111・00でもドル買い介入です。ナイトの時間帯でも、介入玉が入っていました」

「メガバンク1行で、ビッドが1000本（10億ドル）もあるわけです。112・00で10億ドルの買いです。介入玉です。こんな状況だから、市場のスペキュレーターは『112・05で買い50本』というようなオーダー（注文）を出すわけです」

「それに『112・00、オールギブンネクスト（すべて売られたら次のレート）で100本売り』というストップロスオーダーも出ます。112・00の買い注文が全部売られたら、次のレートで売るという注文は、損失確定のためのもあれば、ドル売りポジションを作るためのものもあります。こうしたスペキュレーターは何人もいるから、各行でストップロスの金額が膨れ上がります」

「ある日、ニューヨークの支店から連絡があり、ストップロスの処理ができない、と言われました。こんなことは初めてです。理由は、ニューヨークの各行とも、同じレベルでストップロスを大量に抱えていて、もしそのレベルに相場が達したら、ドル売り一色になり、とてもストップロスを実行できそうもない、とのことでした」

「この件については、市場の公平性という点で問題になっていました。というのも、日銀は介入の注文をある時間になると引っ込めます。そうなると、介入を当てにしたドル買いもなくなるし、ドルが下がります。そうなるとストップロスの注文がつく可能性が大きくなります。このタイミングを分かるのは、日銀からの注文をもらっているメガバンクだけです」

「だから彼らは介入の注文がなくなると、いち早くドルを売るわけです。実際にこうした取引で、メガバンクは何度も大きな利益を上げたはずです。こうした状況が続いていたので、ニューヨーク支店も、ストップロスの注文を断ってきたのです」

「ニューヨークのディーラーたちが、ＦＲＢ（米連邦準備銀行）にクレームしたはずです。彼らは日常的にＦＲＢと市場について意見交換しています。彼らの気質からいって、こうした状況を黙っているはずがありませんから。ＦＲＢは当然、日銀に連絡しているでしょう」

日銀は04年の3月を最後に、介入をピタッと止めた。円高懸念が払拭された点では介入の効果はあった。だが、当時の介入については、さまざまな批判が市場で起きていた。それは介入方法ばかりではなく、なかには「日銀が特定のメガバンクを使うのは財務省の意向で、多額の不良債権を抱えたメガバンクを救済するために為替益を上げさせた」との批判もあった。そのくらい露骨だったわけだ。

その後、中国が人民元の介入で〝為替操作国〟として米国議会などから批判されたときに、日本も同様の批判を受けたのは、このときの介入が尾を引いていたと思われる。

トレンドラインの重要性

「チャートのトレンドラインはよく見ておくべきです。特にチャートの各局面の下値を結んだトレンドライン（サポートライン）は重要です。このラインを切れたら急落することがあります」

「これは最も簡単な方法の一つですが、長い間、数えきれないほどのオーダー（売買の注文）を見てきて思うことです。オーダーは、ヘッジファンド、内外の銀行のディーラー、機関投資家など、主要な市場参加者からのものも含まれています。彼らは、いろいろなシステムを使って、売買のレベルやタイミングを決めています。利食いやストップロスもさまざまです。ただ、もし多くの人に共通したものがあるとすれば、それはトレンドラインを下に抜けたときに注意していることです」

「もちろん、トレンドラインを切っても、元に戻ることはあります。それも珍しいことではありません。最近の相場では特にその傾向があります。ただトレンドラインを切った後、それまでのトレンドが大きく変わることがあるので、そのことを無視すると、大やけどをすることがあります。ですから注意が必要です」

ストップロスよりも利食いオーダーが怖い

「ストップロスのオーダーは、実行したレートが悪くて、クレームがくることがあります。市場の状況によっては、指示されたレートで実行できないこともあります。指示されたレートよりも2ポイント、10ポイント悪かったり、まれに50ポイント悪かったりすることもあります。それも銀行によってまちまちです。でもストップロスが付いたことには変わりません。これは納得してもらうしかありません」

「しかし利食いの場合、指示されたレートで実行できないとき、トラブルになり、時には損をかぶることがあります」

「実例（レートは便宜的）を挙げると、ポンド円の利食い（売り）オーダーが

220・90で20本あり、海外市場の高値が220・90、安値217・50、終値218・70とします。注文を出した側は海外市場の情報を知っており、利食いオーダーが実行されたと思います。しかし、実際には220・90で20本売れませんでした。そのレートでの取引は市場全体でも5本ほどでした」

「この場合、利食えたと思ったレートから2円以上も低いレートで戻ってきたのですから、含み損の状態になっているかもしれません。ストップロスのオーダーを217・70で出していたら、こちらが実行されています」

「こうなると注文を出した側はクレームをします。こうしたクレーム処理は、銀行の方針、相手との関係、市場の状況を考慮して総合的に判断するわけですが、私自身こうしたケースで、実際に損失をかぶったことがあります。特にポンド円は値動きが荒く、こうしたトラブルが起こりがちです」

市場の変化とナイトデスクの存在意義

「ＥＢＳ（電子ブローキングシステム）の出現、通貨オプションに絡んだ取引金額の増大、人工知能（AI）による為替取引の発達などで、市場全体の取引量が拡大しています。そのことで相場が以前よりも、あまり動かなくなっている」

「AIは人間と違って、相場変動に恐怖を感じたりしないから、パニック的な売買をしない。これも変動を抑制する要因の一つです」

「それにストップロスがつくと、相場はその方向へある程度動くのが普通ですが、最近ではストップロスがついても5ポイントしか動かないことも珍しくありません。この理由として、AIには『下がったら買い、上がったら売り』という売買のパターンはインプットされていても、ストップロスのレベルはインプットされていないことが考えられます」

「EBSでは、AIによる為替取引のシェアは30％以上あります。近いうちに50％以上のシェアを持つでしょう」

福住は、外為取引での機械化、システム化の進行が、ナイトデスクの存在価値への疑問を提示した、と指摘する。

「Eコマース（電子商取引）の発展で、顧客は端末から直接取引できます。ナイトデスクに依頼しなくてもいいわけです。そのほうが、手間も簡単で間違いもない。また機械がやったといえば、オーダーの実行でレートに不満があっても、顧客は文句を言えない」

「以前は、良いレートを素早く提示するには専門性やスキルが求められました。そうした人材の育成や確保が必要でした。でも機械ならばその必要はありません。ですからナイトデスクを置いていた銀行も、次第に数が少なくなりました。ナイトデスクでリスクを取る銀行は、もっと少なくなりました」

「私は04年までナイトをやっていましたが、現在私の銀行では、東京にナイトデスクはなく、ロンドンの担当者が業務を担当しています」

ナイトデスクの復活

「ただこうした傾向のなかで最近、Eコマースの発達したスイス系の銀行などで、再びナイトデスクを設置する動きが見られます。これはオーダーの処理というよりも、情報提供が目的のようです。スクリーン上には情報があふれていますが、その情報を取捨選択して、その情報の意味、情報に対する市場の反応などは、身近のディーラーに聞いたほうが的確で素早いからです」

「それに、ロンドンやニューヨークに日本人を置いて、東京の顧客サービスを担当させるのは、市場の臨場感を伝える点ではいいと思いますが、顧客が気楽に電話で聞けるという点では、東京に人がいたほうがいいからです。最近は個人の顧客が増えているので、何かと東京のほうが便利なのでしょう」

福住はナイトデスクに長く従事するなかで、多彩なキャリアを積んできた。それが現在、マルチプロダクトセールスの仕事にも生きている。扱う金融商品は、オプション、Ｅコマース、プライムブローカーサービス、コモディティー（商品）、金融情報の提供などだ。

「これまでに経験しなかった商品も扱えるのは、とても勉強になるし、市場を違った観点から見る機会を与えてくれます」

こうした仕事とは別に、福住は週末や休暇を利用して、大学院で為替の研究をしている。そこでの議論や活動は刺激的のようだ。福住は幅広い市場経験と知識を持っている。アカデミズムとの交流によって何が生まれるかは興味深い。

最後に、将来の展望を聞くと次のような答えが返ってきた。

「ライフワークとしてのＦＸディーラーを目指しています」

８．ジョージ舟木
各国中央銀行の介入とヘッジファンド
――海外市場で生きる

ジョージ舟木（じょーじ・ふなき）……１９５８年生まれ。ＡＢＮアムロ銀行、ミッドランド銀行、ペインウェーバーで為替業務に従事した後、ニューヨークでヘッジファンド設立。その後、米国の投資銀行で為替、資産運用業務に従事。

自己主張が強く、個性的なディーラーの多いなかで、舟木の語り口はソフトで、ノーマルだ。控えめな印象すら与える。

しかし、日本人ディーラーでは珍しく、ニューヨーク市場、ロンドン市場で為替取引を経験し、かつ海外でヘッジファンドを立ち上げるなど、そのキャリアを見ると、新しい分野へ挑戦する強い意思と、適応力の高さがうかがえる。その点では、舟木もやはり個性的なディーラーである。

ルーブル合意後のドル安とFEDの介入

87年2月、G7各国は、パリのルーブル宮殿に集まり、ドル相場の現状水準を維持することで合意した。「ルーブル合意」だ。

85年9月のプラザ合意以来続く、ドルの下落傾向に終止符を打つためである。ルーブル合意時のドル円は153円台だった。

しかし、ドル下落に歯止めがかからず、ドル円は同年12月に120円台に下落する勢いだった。

「私はニューヨークにいましたが、市場ではソロモンブラザーズなどのインベストメントバンクを中心に、円買いをどんどん進めていました。120・00も割れるのではないか。そんな勢いでした」

「120・00を割れると、巨額なストップロスが出る。それが市場のコンセンサスだった。こうした状況に、米国債を大量に保有している日本の機関投資家は気を

ドル円直物日足（1987年）

もんでいました」

「ＦＥＤ（米連邦準備制度）と私は、オンラインで繋がっていました。通貨当局との良好な関係を維持することは、私の仕事の一部でした。市場の状況を的確に伝えることが役目です。その代わりＦＥＤは私を通じて市場介入をしました」

「ＦＥＤは市場での売買の手口を聞いてきますが、私は業種で答えます。もちろん個別名は言いません。『米系のインベストメントバンクが売っている』とか『日本の機関投資家が買っている』とか」

「ＦＥＤの介入は、まずビッドから入ります。そのときは、120台半ばくらいまでドルが落ちたと思いますが、ＦＥＤが介入すると、すぐに2、3円戻しました。ＦＥＤはある程度介入すると、次にプライスを聞いてきます。そしてオファーレートでドルを買います。市場よりも高いレートでも買います」

「このあたりから、市場にＦＥＤ介入の情報が伝わり、皆、ドルを買い戻します。するとニューヨーク市場ではプライスがなくなります。これでドルは2、3円軽く上がりました」

「介入は午前中が多かったですが、午後もありましたね。午後は市場が薄くなるので、特にレートが飛びました。この局面でも、全体としては5円くらい戻しました」

「このときの介入はＦＥＤだけではありませんでした。ロイターには『FED BUY DOL AG YEN』『BOE（イングランド銀行）BUY DOL AG STG』『BUNNDESBANK（ドイツ中銀）BUY DOL AG MARK』……ほかにも、スイス中銀、イタリア中銀、カナダ中銀、と続々ドル買い介入の情報が流れました。協調介入でしたね」

各国の介入の窓口になった日本人

舟木のニューヨークでの仕事は、日本企業だけでなく、ソロスなどの米国のヘッジファンド、ＣＴＡ（先物投資顧問）、米国企業などを相手に、主に円取引を担当することだった。それにＦＥＤをはじめとする中央銀行も担当した。

「ＦＥＤが介入をしている時期は、朝から夜まで話していました。私が出張で東京へ行っている間も連絡をとっていました。ＦＥＤほど親密ではなかったが、イングランド銀行、ドイツ中銀、フランス中銀、カナダ中銀とも直接ディーリングをしました。介入玉です」

「日本人でこれだけ多くの中央銀行と取引したディーラーはいないでしょう。だけど残念なことに、日銀とは一度も取引したことがありません」

出張中の介入

「ドル円が１２２～１２３円の水準だったと思います。私が東京出張のときに、ＦＥＤから介入のドル買い注文がありました」

「各国の中央銀行は、マザーマーケット以外では介入しないことになっていました。そういう規則があるわけではありませんが、紳士協定のようなものでしょう。どうしても自分の市場以外で介入したいときは、委託介入をするわけです。その地域、国の中央銀行に頼んで介入の実務をやってもらうのです」

「そんな事情があるので、この介入は極秘です。東京支店のディーラーたちにも内緒にしなければなりません。どこから情報が漏れるか分かりませんからね。自分で他の顧客を装ってドルを買いました」

「ところが決済事務を担当するバックオフィスの人が、この取引の資金決済に関してニューヨークのFEDに直接ドルを払うことになっているけど、間違いではないかと確認に来ました。このときは焦りました。慌てて彼女をディーリングルームの外に連れ出しました。幸い周囲のディーラーたちはディーリングで忙しく、気づかれませんでした」

「とにかく漏らしてはいけない情報は、絶対に漏らしてはいけません。それができないと、すぐに信用を失い、取引関係は断たれます」

「FEDも情報を秘密にしてほしいときと、市場に伝えたいときがありますが、その見極めができないと取引関係は続きません」

「結局、このときの介入は市場に漏れませんでした。メディアもディーラーたちも、介入の事実を知らないままでした」

介入情報の漏洩

「89年ごろでした。ポンドマルクが3・0を割る局面でした。イングランド銀行はポンドが3・0を割らないように介入をしていました。ある日、イングランド銀行からポンドマルクの買い注文を受けました。金額に制限はありませんでした」

「ポンドマルクが3・0を割りそうになると、ポンドドルを買うのです。ポンドマルクよりもポンドドルのほうが市場は大きいし、有効だったからです」

「この注文をニューヨークで見た後で、私は東京支店に渡しました。アジア市場でもイングランド銀行は、3・0を割らせたくなかったのです」

「もちろん極秘です。ロンドンの責任者からも念を押されました。私も東京に注文を渡すとき、担当者にこの点を注意しました」

「銀行から帰って、寝ようとしていたときです。ロンドンの責任者から電話があり、介入の情報が漏れたというのです。それでイングランド銀行が、非常に怒っているとのことでした。その日の介入の注文は、私の銀行にしか出していないから、私たちが漏らしたのは確実だというのです」

「悪いことに、ロイターでこの情報が流れました。イングランド銀行がアジアで英国銀行の支店を通じて介入した、という文言です」

「すぐに東京へ電話をしました。しかし自分が漏らしたという人はいません。担当の為替ディーラーが漏らさなくても、たまたまその情報を知ったほかのデスクの人が、外部の人に話したのかもしれません。詮索しても後の祭りです」

秘密が守れない——東京市場の一つの特徴だ。それはディーラーたちというよりも、日本人一般の気質に関係しているのかもしれない。そのためアジア市場での海外注文の処理は、東京でなく、香港やシンガポールで行う銀行も少なからずあった。

「翌日銀行に行くと、ロンドンの責任者やニューヨークの上司から厳重注意を受けました。そのときは、すぐに東京へ帰されると覚悟しましたね」

その後も舟木はニューヨークにとどまった。イングランド銀行からのオーダーはしばらく回って来なかったようだ。

ブッシュ撃たれる

「90年のある日、ブッシュ（父）大統領がニューヨークへ来る予定でした。金曜日の午後、ブッシュが撃たれたとの噂が流れました。するとたちまちドルが落ち始めました。ドル円は3円ほど下がりました。急落でしたね」

「そのときストップロスのオーダーを３００本（3億ドル）ほど抱えていました。しかし、ドルを売ろうにもブローカーにプライスはないし、ロイターで呼びかけても銀行はどこも応じなかった。市場がない状態。ニューヨークの金曜日の午後は、ただでさえ市場参加者は少なくなるうえに、こうした情報が流れれば、市場が成立しなくなるのもやむをえません」

「ディーリングルームの全員が真っ青になり、パニック状態になりました。ストップロスが実行できない」

「とにかく待つしか手はありません。その間、ストップロスの注文を出した顧客一人ひとりに連絡を取って、事情を説明しました」

「幸運にもその後、相場はある程度戻したので、指定されたレートに近い水準でストップロスを実行できました」

「このときは、たまたま相場が戻したので大きなトラブルにならなかったけれど、相場が戻らなかったらと思うと、今でも冷や汗が出ますね。市場が消える恐ろしさを痛感しました」

ヘッジファンド設立

ミッドランド銀行、ペインウェーバーと約7年間、金融機関のディーラーとしてニューヨーク市場で経験を積んだ後、舟木は93年にヘッジファンドを設立した。ミッドランド銀行時代からの同僚のディーラーと、ファースト・ボストン出身のディーラー（ともに米国人）との共同経営だ。

「当時ニューヨークでは，ヘッジファンドを立ち上げることが流行っていて、銀行のディーラーがヘッジファンド業界に転進することは、珍しくありませんでした」

「ただ、日本人でＣＴＡ（先物投資顧問業者）の登録をして、通貨のヘッジファンドをやったのは、私が最初かもしれません」

「私たちのファンドの投資家は、スイスのプライベートバンク、ケミカルバンクなどの米国の商業銀行、米国の個人、それに日本の企業（米国法人の資産運用会社を含む）などです」

「しばらくして、アンブレラ型のオフショアファンドも作りました。一つのファンドを作って、いくつかの運用手法を適用できるファンドです。日本の損害保険会社の投資用です。これも日本では初めてだったのではないかな」

運用方法

「ファースト・ボストンから来た男がオプションを担当し、同僚だった男と私が通常の為替を担当しました。ポジションは短期で２、３日から１週間で見ていました。

通貨では特に円を集中的に扱いました」

「ディーリングの方法はシステムトレーディングです。トレンドフォローのモデルを主体にしたものです。それにいくつか修正を加えました。いくつかの変動パターンを自分で計算して調整しました」

「トレーディングのシステムは、銀行時代から研究していました。仕事が一段落した夜や、土日に銀行に行って研究をしました。ヘッジファンドを始めてからも同様です」

「ヘッジファンドを始めてから、トレーディングの方法は基本的に変えませんでしたが、スタイルは変えました。つまり相場があまり動かないときは、小さな動きでも利食えるように修正し、大きなトレンドがあるときは、ポジションを長く持てるようにシステムを工夫しました」

「ニュースも経済指標も全く関係ありません。モデルの指示に従って売買しました。パフォーマンス（運用成績）は、一期だけでしたが全米のトップテンに入りました。登録されたヘッジファンドやその成績を公表するＭＡＲ（Management

Account Report）という雑誌に載ったのです」

「米国の個人投資家には、MARを見て私たちのファンドに投資を決めた人もいました。それに円に重点を置いた運用方針を評価して、ファンドへの投資を決めた人もいましたね」

ファンド運営の難しさ

「最初のころは、パフォーマンスが悪ければ解約が出るのは覚悟していたのですが、良い場合でも、投資家は利食い、ファンドから資金が流出するのには困りました。2年ほどこうした状況が続いたでしょうか」

「それにバックオフィス業務やアドミニストレーション業務など、事務管理作業に多くの時間を取られたことも、予想以上のことでした」

そうした最初のころの困難を乗り越え、舟木は8年間ファンドを続けた。こうした実績を残しながらも、ファンドを止めた。そのきっかけは二つあった。

「一つは、日本の機関投資家のM＆A（合併と買収）でした。それぞれが50ずつ投資していた機関投資家が合併によって、100にはならず、減額されたことです。M&Aによって方針が変わって運用を控えたケースもありました。もう一つは全く個人的な事情です。仕事以外のプライベートなことです」

「今思うと、続けていたほうがよかった思うことがあります。止めなければいけない差し迫った事情があったわけではなく、自分の意志の問題でしたから。今まで選択してきたことで後悔していることがあるとすれば、この件ですね」

舟木はポジションの切り方が早いのと同じく、自分が力を注いできたファンドも8年間で幕を閉じた。そのこだわりのなさが舟木の一つの特徴であり、いろいろなことにチャレンジするのに必要な適応力の源泉でもあるのだろう。

ディシプリンが重要

「ディーリングで大事なことは、ディシプリン（原則、忍耐）だと思います。これはアメリカ人がよく言います」

「例えば、システムはおかしいと思っても、原則を守って耐える必要があります。

利が乗っているときも、早く利食わずに耐えるということです」

「失敗するときは、相場を簡単だと思うときです。相場に自信があるときほど失敗する。相場に臨むときは謙虚であることが大事です」

日本と米国でのヘッジファンドの環境の違い

「日本でヘッジファンドが流行らない理由は、登録や資本金などのハードルが高いことです。米国では金銭的にも手続き上でも、コストをあまりかけずにヘッジファンドが始められます。産業としても社会的に認知されています。大学でもヘッジファンドの勉強をする学生が多く、その成果を実践で試そうという気運があります」

ちょうどこの本の原稿が書き終わったとき、舟木から連絡があった。舟木の勤務先の投資銀行は、傘下のファンドがサブプライムローン（信用力の低い借り手への融資、主に不動産融資）を担保とした証券への投資で大きな損失を被り、経営上の深刻な打撃を受けていた。

サブプライムローン関連の損失で打撃を被った米国の金融機関の多くは、経営建て直しのため、資本増強策とともに、大幅な人員削減や部門の整理を余儀なくされた。舟木の銀行も同様だった。舟木もこの余波を受けたようだ。

「銀行を辞めることにしました。サンフランシスコへ行く予定です。資金調達に関する仕事です。詳細が決まったら連絡します」

舟木は再び新しい分野に挑戦する。彼の適応力があれば、世界中のどこへ行っても大丈夫だ。

9．杉山公一
新しい市場参加者の登場
――ネット環境を駆使する

杉山公一（すぎやま・こういち）……1964年生まれ。不動産会社、広告代理店を経て現在自営。

新外為法とインターネットの普及

杉山が為替レートを見始めたのは00年を過ぎたころだ。実際に、為替のポジションを取り始めたのは02年である。それまでディーラーの経験はない。投資や市場に関連したことといえば、為替を始める3年ほど前から株を多少やっていたことぐらいであった。

杉山のような個人の市場参加者が出てきた背景には、98年の外為法の改正とネットトレーディングの普及がある。

外為法改正では「為銀主義」が廃止された。それまで、為替取引は外国為替公認銀行（為銀）を通じて行わなければならず、銀行は為替の分野で特権的地位を保っていた。情報も人材も、銀行に集中していたのだ。

それが新しい外為法では、為替取引を誰が誰と行っても良くなった。そして主に個人を相手にする「外国為替証拠金取引業者（いわゆるＦＸ業者）」も市場に参入することが可能になったのである。

個人の為替取引はそれまで、取引金額が小さく事務コストがかかること、そして信用力の点で問題があり、銀行の取引になじまなかった。それらの問題を証拠金（マージン）とインターネットの利用で解決し、ビジネス化したのが為替証拠金取引業者だ。

取引手段としてのインターネットの普及は、コストの問題ばかりでなく、情報の即時性を可能にした。それに24時間、情報にアクセスできる。こうして個人は、銀行のディーラーと遜色ない取引環境を手に入れたのだ。

為替知識、情報の獲得と向上

杉山は大阪出身だ。普段はなんでも話にオチをつけないと気がすまない。だが、為替の話を始めるとオチはつかなくなる。

「ニュースや経済のことが好きなんです。為替を始めたのも、株取引のためにニュースや経済指標を見ていたことがきっかけでした。相場との関連性が為替のほうが高く、情報も為替市場のほうが正確で速く流れるのではないかと思ったのです」

「最初は本を読むことから始めました。株ではウォーレン・バフェットから始めましたが、為替ではジョージ・ソロスを勉強することから始めました。何を始めるにせよ、その業界のトップのことを勉強することから始めるのが私の流儀なんです。その世界の雰囲気がつかめます」

「それで株は買うもの、商品、先物は売るもの、為替も売るものと思うようになりました」

杉山は為替を始めてからも、具体的な知識や情報は、本とインターネットから得ている。

「特にネットを通じての情報は、為替を始めたころに比べて格段と質が向上しました。それぞれの分野で知りたいことがあれば、その専門家がブログなどで教えてくれます。検索すれば見つかります」

「株式のサイトよりも為替のサイトのほうがまじめで、質が高い。特にブログですね」

「それにマーケット情報など、更新された情報だけが自分のパソコンや携帯に入るようになっています。3年前あたりからだと思います。それ以前はお気に入りに登録していちいち開けてみないと分からなかった。おかげで情報のスピードと質が上がりました」

「それに伴い為替収益も上がりだし、安定するようになりました。」

杉山はネットを通してこうした情報にアクセスするばかりでなく、SNS（ソーシャル・ネットワーキング・サービス）で仲間との情報交換や交流を計っている。

私が杉山を紹介されたのも、このネットワークに入っている知人からだ。

スクラップブック

このように杉山は、ほとんどをネットに依存しているデジタル人間だ。しかし、アナログ的なところもある。

杉山はいつもスクラップブックを携帯している。Ａ４版のノートには、日経金融新聞の記事やネット配信のニュースのコピーが細かく切り取られ、びっしりと貼られている。このスクラップブックを何かにつけて眺めては、相場を考えるようだ。「これを見ると落ち着きます。毎日見ています。何かあったときも思い出して開きます。相場を考えるうえでヒントになる」

このスクラップブックを杉山が取り出して机の上に置いたとき、私はシティーバンクにいたときの同僚ディーラーを思い出した。すでに故人だが、生きていたら本書で取り上げたいディーラーだった。

変動相場制以前からのディーラーで、とにかく負けなかった。彼もノートびっしりに相場の動きや感想を書いたり、データを貼り付けたりしていた。それをいつでも傍らに置いていた。私が休みのとき何をしているか尋ねたとき、彼はそのノートを見ることと答えた。そのノートを見ると落ち着き、気が休まるそうだ。

取引方法

「最初のころはテクニカル一辺倒でした。移動平均やボリンジャーバンドなどを使っていました。そろそろシグナルが出そうだなと思うと売買を繰り返しました」

「しかしそのうちに、RSI, MACD、パラボリックスなどに傾いていきました。ポイント、ポイントで売買をするテクニカルの方法ではなく、流れをつかめるようなものに変えたのです」

「そうした流れをつかんでおいて、ニュースや経済指標でその流れに沿ったものが出た場合、躊躇せずポジションを取ります」

「ニュースや経済指標に関しても、最初のころはその都度、反応していました。しかし最近はそのニュースなどが出て、すぐに反応するのではなく、直後の変動が収まり、次に相場が動く方向についていくようにしています」

「次の段階で相場が動かなければ、ポジションは取りません」

杉山はこうしたことを自分の経験を通して学んだ。

外貨売り円買い

個人投資家というと「円キャリートレード」が頭に浮かぶ。低い金利の円を売って高い金利の外貨を買う。このポジションをキャリーすることで、金利差を得られる。スワップポイントを得られるのだ。だが杉山は、こうしたポジションは持たない。

「今では外貨ショート、円買いしかやりません。外貨の為替レートが落ちるスピードのほうが速いので、金利差は気にしません」

「それに外貨ショートのポジションは長く持ちません。原則としてオーバーナイトのポジションは持たないのです」

「短時間で何回かポジションを刻みます。利食いのポイントを決めています。例えばドルは25ポイント、ユーロは30ポイント、ポンドは50ポイントという具合です。そのポイントは相場のボラティリティに応じて、その都度、変更します」

「市場を見てないときはポジションを持たないように心がけています」

「朝9時ごろ自宅でレートをチェックして、会社に行きます。そして午後2時ごろにもチェックして、家に帰ってから取引を始めます」

「午後10時ごろから午前2時ごろまで取引をします」

杉山が取引する時間帯は、ロンドン市場からニューヨーク市場にかけてだ。経済指標の発表や当局者の発言など、相場に影響を与えるニュースが最も多く出る時間帯である。

今でこそ自分に合った時間帯を見つけ、集中的に取引をしているものの、最初のころは「外為市場が24時間市場であることも知らなかった」。

トレーディングスタイルの見直し

現在の杉山は〝ミセスワタナベ〟でも〝キモノトレーダー〟でもない。日本の個人投資家に対するステレオタイプな認識には収まりきれない。だが、最初からそうではなかった。

　今でこそ自分に合った時間帯を見つけ、集中的に取引をしているものの、最初のころは「外為市場が24時間市場であることも知らなかった」。

「取引を始めてしばらくは、外貨の買いも売りも両方やっていました。円ショート外貨買いのポジションを持ち越すこともありました」

「テクニカルで売り買いを繰り返していたら分からなくなってきました。1日50回以上取引をしていました。取引に夢中になって、明け方まで取引をして、そのまま会社に行くこともありました」

「会社に行っても、持ち越したポジションは気になるし、疲れは溜まるばかりで、良い状態ではなかった」

「円売りのポジションは金利差が取れるということで、つい持ってしまう。レートが下がっても、金利差が入ってくるから大丈夫だと思ってしまう……。甘くなってしまうんですね」

「そのうち金利差分のスワップポイントは、市場のボラティリティが大きくなると簡単に吹っ飛んでしまうことに気づいたのです。その場合の損失が、ひどい」

「それで今のスタイルに変えました。取引回数は減りました。多くて20回ほどです。取引を終える時間も早まりました。その結果、会社では疲れを感じなくなったし、ポジションを気にする必要がなくなったので、仕事にも集中できるようになりました。それに収益も以前が1とすれば、トレーディングスタイルを変えてからは30ぐらいに増えました」

オージー円、100円の攻防

杉山が印象に残っている局面として挙げたのは、07年5月31日のオーストラリアドル円（オージー円）の相場だ。

「それまでオージー円は99円と100円の間のレンジで動いていました。オージーは上昇トレンドでしたが、100円を少し超えると元に戻されたのです。何回も100円をブレイクするのですが、そのたびにモグラたたきのように頭を押さえられる。そこで私は、オージー円を99・71でショートしました」

「20倍のレバレッジをかけました。普段は2～5倍のレバレッジでやっていました

オージー円直物 60 分足（2007 年4月 26 日〜 6 月 8 日）

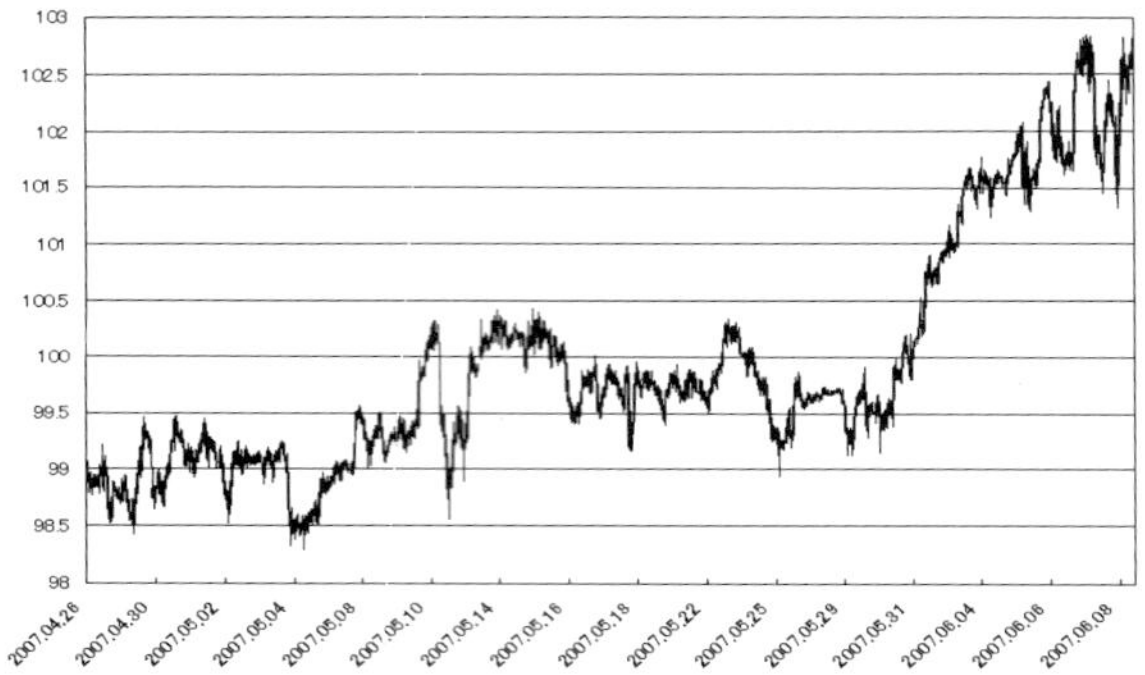

が、そのときは自信もあったし、気も大きくなっていたのでしょう。それまでに数百万円の資金が数千万円に増えていましたから」

「ところが１００円を超えたオージーは元に戻るどころか、急騰したのです。特別なニュースが出たわけではありません」

「わずか数時間で30％近くやられました。２円数十銭も上でポジションをカットし、９００万円ほど損をしました」

「とにかく手が動きませんでした。翌日は損を取り返そうとするよりも冷静になるほうがいいと思って、ポジションをとらなかった」

「そのとき考えたんです。自分の身の丈に合ったポジションサイズでやるべきだと」

取引ルール

「ストップロスは決めていません。自分が相場を見ていてカットします。以前はポイントを決めていましたが、そうするとストップロスばかり付くようで止めました。自分が相場を見ていないときはポジションを持ちません。損失を防ぐのは、とにかく自分です」

杉山はストップロスを決めない代わりに、利益確定のポイントはあらかじめ決めている。これも最初のころの経験で、利益を確定しなかったために何度も収益チャンスを逃したことが理由だ。

「取引通貨はドル円、ユーロ円、ポンド円、オージー円、それにユーロドルです」

「為替証拠金取引業者は3社使っています。選ぶポイントは、顧客数の多さ、会社の業務年数、それにシステムの使い勝手です」

最後に杉山に後悔していることはあるかと聞いた。

「現在の自分の取引環境で為替を始めたころに戻れたら、ということですね。今は精神的に落ち着いていてバタバタしなくなっています」

杉山は自宅のパソコンの横に、アポロ13号がトラブルに陥ったときのNASAの合言葉を貼り付けている。

「Stay cool」

杉山が円買いのポジションだけを考える背景には、日本に対する信頼があるからだという。だが、残念なことに世界では、日本への信頼は低下している。相場もこうした面を反映し、大きく動く局面があるかも知れない。そうした局面で杉山がどれだけ「Stay cool」を保ちつづけられるか。

杉山の勤勉さと経験から学び取る力があれば、厳しい局面も克服できるに違いない。

第2部　市場での人々の役割と相場形成

1．市場参加者の種類と相場へのかかわり方

取引をする人が市場の中核

市場とは人々が取引をする場の総体を指す。外国為替の場合、取引のほとんどはコンピューターの端末などをとおして行われる。一部、取引所という場で行われるものもあるが、大半はネットワークでつながれた総体が市場である。

つまり市場の中核は取引をする人である。したがって市場を理解するには取引する人の動機、判断の方法、行動パターンなどを知ることが必要となる。

市場で取引をする人は「市場参加者」と呼ばれる。市場参加者は、為替取引の動機や目的によっていくつかに分類される。

市場参加者の種類

市場参加者は四つのタイプに分類される。銀行、その顧客、中央銀行、そしてブローカーだ。

ブローカーは取引の仲介業者である。だが、最近ではコンピューターが取引を自動的に仲介する電子ブローキングが圧倒的なシェアを占め、仲介業務での人の果たす役割は大幅に低下した。

中央銀行は多くの場合、一定の変動幅を維持するため、あるいはマクロ経済にとって好ましくないと判断したときに市場介入する。なかには外貨資産の運用のために為替売買を行う中央銀行もある。

一般的に、固定相場制や管理変動相場制を採用している国の中央銀行のほうが、為替レート（対ドルが多い）を一定の幅に抑えるため、介入の頻度は高い。これらの制度の場合は、民間の市場参加者よりも、中央銀行が市場の主役になる。

一方、変動相場制を採用している国では中央銀行の介入はまれで、民間の市場参加者が市場の主役だ。先進諸国のほとんどは変動相場制を採用している。

中央銀行の介入は、その担当者の考え方よりも、その国のマクロ経済政策や国際協調の観点から規定される。したがって第1部のインタビューは、民間の市場参加者だけを対象にした。

銀行は市場の中心的な担い手だ。顧客や他の銀行に為替レートを提供するマーケットメーカーであるし、自己勘定でポジションを取るマーケットユーザーでもある。

顧客は取引量では銀行に比べて少ないものの、為替レートの動向に影響を与える。特に取引金額の大きな有力顧客の売買に、銀行のディーラーが追随することは珍しくない。有力なヘッジファンドや機関投資家などの動向に市場が注目するのはこのためだ。

第1部で紹介した人たちも、こうした市場の現実を反映して、銀行のディーラーを経験した者が多い。

相場へのかかわり方

銀行のディーラーには大別すると「インターバンクディーラー」「カスタマーディーラー」「プロパライアトリーディーラー」がいる。

他の銀行や顧客に為替レートを提供し、そこから生じる為替ポジションを管理するのが、インターバンクディーラーだ。大手の銀行ではたくさんの取引があるので、売買を頻繁に行う。自らもほかの銀行に為替レートを求めて、サヤ抜きやポジション調整をする。

ただし最近では顧客と銀行との取引はインターネットを通じてすることが多くなり、建値やポジション調整などもＡＩ（人工知能）が自動的に処理する領域が増えている。

カスタマーディーラーは、顧客に為替の情報提供やアドバイスをしたり、注文を受け、取引を実行したりする。自らはポジションを持たず、インターバンクディーラーに取引を繋ぐ。この点についても顧客の端末から直接インターネットへアクセスして取引する部分が多くなっている。

プロパライアトリーディーラーは、自己勘定で為替のポジションを取る。

銀行のディーラーには、こうした三つのタイプのディーラーをすべて経験する者もいれば、どれか一つに特化し、キャリアを積む者もいる。

銀行ディーラーで有利な点は、為替取引のフローが見られることだ。特に大手の銀行だと、いろいろなタイプの顧客（他の銀行を含む）と取引をしているので、市場で何が起きているのかについての情報を得やすい。しかもリアルタイムで。

例えば、中央銀行の介入や有力ヘッジファンドの取引を実行する銀行のディーラーは、それらの取引に合わせて、ポジションを作る。こうした情報を一般的な市場参加者が知り、同様のポジションを作るころには、利食ってしまう。こうした取引で短期的な利ざやを得るのだ。

実需と投機

顧客は、取引の性質によって大別すると、二つに分けられる。「実需中心」と「投機中心」だ。

実需は商業取引の裏付けのある為替取引である。実需は、それぞれの業種によって特徴がある。例えば、自動車企業は輸出予約をどうしたタイミングで、どの程度取るかを考えている。石油会社は、輸入予約のタイミングを考えている。それに、それぞれの企業は採算レートを設定していることが多いので、採算に合うような為替レート水準ならば、取引を実行する傾向がある。採算レートと実際の為替レートが大幅に乖離する場合、年度の途中で採算レートを変更する企業もある。

生命保険会社などの機関投資家は、一定の外貨投資の割合を目標に、米国債などの利回りを考慮しながら売買を行う。また為替動向によっては既存の外貨ポジションのヘッジ売りを行う。

顧客には、業種と関係なく、もっぱら為替収益の確保を目的に市場に参入する者も多い。安いレートで買って、高いレートで売ることを目指す投機中心の顧客だ。ヘッジファンドもそうだが、市場では実需よりも投機的取引のほうが圧倒的に多い。市場全体での投機的取引の割合は90％以上だ。

ちなみに銀行の取引のほとんどは投機的取引だ。投機的取引が増えることは、市場の厚みが増すことでもある。つまり市場での取引値のビッドとオファーのスプレッド（幅）が縮小するわけだ。それによって実需為替取引をする企業は有利なレートで取引を実行できる。

投機的取引が企業のリスク管理に貢献しているもう一つの理由は、市場の変動をスムーズにしていることだ。仮に市場が実需取引だけで成り立っているとすれば、相場に対する見方が単調になり、取引が一方向に傾きやすくなる。そのため急激な為替変動が起こりやすい。

一方、投機的取引の場合、市場参加者はさまざまな期間や考え方で為替取引を行う。そのため相場が一方向に大きく動くことが抑制される。つまり市場に多様な参加者が存在することが市場の安定につながるのだ。

有力な市場参加者

ＢＩＳ（国際決済銀行）は、３年おきに外為市場調査を世界的規模で実施している。そのレポートによると、今世紀になって、ヘッジファンドをはじめアセットマネジャー（資産運用業者）やＣＴＡ（先物投資顧問業者）などの市場参加者の取引量の伸びが著しい。為替が株式や債券と同じように、運用対象として積極的に取り扱われ始めたからだ。

中央銀行は、市場介入をする場合に参入するのが一般的だが、国によっては国家の運用資産の収益極大化を図るため為替売買をする。中央銀行が直接市場参加する場合と、政府系の組織が運用売買する場合とがある。日銀の場合は、市場介入がほとんどだが、小額の商業取引のカバーで市場に参入することがある。

こうした有力な市場参加者は、時代とともに生まれ、消えていった。あるいは消えないまでも力を弱めている。彼らの動向は、その時代の市場参加者の多くから常に注目された。

例を挙げれば、70年代後半から80年代前半にかけて、MAS（シンガポール通貨庁）、ロシアの外国貿易銀行、フォルクスワーゲン、80年代後半では、日本の生保、バンクネガラ（インドネシア）、90年代には、ジョージ・ソロスのファンドをはじめとする大型のヘッジファンドなどだ。

ヘッジファンドは、97～98年にかけてのアジア通貨危機、ロシア金融危機、LTCMの破綻で、その数や運用資産を減らした。しかし、00年代に入って再びその勢いを増している。

さらに新しい動きとしては、政府系ファンドのSWF（Sovereign Wealth

Fund）の台頭がある。ＳＷＦは、国家が保有資産の積極的な運用を図るために設立したファンドであり、大型のＳＷＦとしては、産油国のものやアジアの新興市場国のものが代表的だ。ただし、そのなかのいくつかは、80年代ごろから市場で活発な動きをみせていた。

ちなみに07年現在の推計によると資金規模の大きい順に、アラブ首長国連邦（ＵＡＥ）のアブダビ投資庁（ＡＤＩＡ）、ノルウェーの政府年金基金、シンガポール政府投資庁（ＧＩＣ）、クウェート投資庁、中国投資公社などが挙げられる。

一般的に外貨準備を運用するときに、安全、流動性、収益の三つの観点からなされるが、ＳＷＦは比較的収益性を重視する。それは通貨面で従来ドル一辺倒であった運用の見直しにつながっている。これが外為市場で注目される一つの理由である。

2. 個人と組織の役割

個人の判断で動く

為替ディーラーというと、インディペンデント（独立的）なイメージを持つ人が多い。包丁一本の料理人と同じように、為替ディーラーは地球上どこでも仕事ができる。そうしたこともあってか為替ディーラーは転職（正確には転社）が多い。しかも組織に属してもいいし、最近では個人でもやれる。

売買の判断は、組織に属していても自分の判断だ。自分の相場観で動く。普通、他人から強制されてポジションを持つことはない。多くのディーラーがいる組織では、ある人がドルを買い持ちにし，隣のディーラーが売り持ちにしているケースもある。反対のポジションを持っていても、両方のディーラーが儲かるときもあるし、二人とも損をすることもある。ポジションを持つときは反対でも、それぞれのポジションを閉じるタイミングが違うからだ。つまり大きな組織に属していても、個人商店のような裁量と責任が与えられる。

組織の判断が優先する

しかし実際のところ、組織にいるディーラーは完全に独立した存在ではない。むしろ組織の影響を大きく受ける面がある。組織に属している場合、組織の規模、為替部門の組織内の位置づけ、為替ディーリングの方針、リスク管理の方法、上司のリスク許容度などの枠がはめられる。

例えば、組織的にポジションを切ることを強制させられる場合がある。一つは、組織で決められた限度額以上の損失を被る場合と、限度額以上のポジションを持ってしまうときだ。

もう一つは、チーフディーラーないし、その上のディーリンググルームの統括責任者が、ディーラーのポジションが不適切と判断した場合だ。ポジションを切ることを命じられるときがある。ディーラーは、それぞれ相場環境や損益の状況をふまえ、ストップロスのレベルを決める。だが組織によって課せられたストップロスは、それに優先する。

組織の大小によって取引環境は違う

為替取引は無制限に行われることはない。銀行は互いにクレジットライン（取引許容限度額）を設定している。クレジットラインは相手の財務状況や格付けなどを考慮して決められる。

顧客に対しても同様なクレジットラインを設けている。あるいはマージン（証拠金）を積ませて、既定のレバレッジに相当する額を限度にしている。

一般的には大手の銀行や企業は、取引相手から大きな取引許容限度額（クレジットライン）を提供される。大手といっても、正確には財務内容が良く、格付けが高い組織だ。したがってそうした組織に属するディーラーは、比較的大きな金額の取引ができる。それだけ収益目標額も大きく、損失限度額も大きい。

それにディーリング部門に大きな収益を期待する組織では、リスク許容度も高く、ディーラーは大きな収益を期待される。そのためにリスクの高い通貨や商品の取引も可能になることが多い。

ディーラー個人にとってそれだけプレッシャーも強まるが、取引の自由度は高いので経験を積むには大手の金融機関のほうが有利だ。特に市場取引の少ない新興市場国通貨の場合はそうだ。というのも現地の銀行が、大手の国際的金融機関以外には取引許容限度額が設定されていないことがあるからだ。そのようなとき、大手金融機関以外のディーラーは、現地の銀行と取引できない。

ただ、最近では大手の金融機関が、それ以外の市場参加者に自分の名前を使って取引できるサービスを開始した。プライムブローキングというサービスで、これによって名前の知られていない市場参加者も、手数料を払えば合理的なレートで、相当額の取引が可能になってきた。

3．相場は動かせるか

市場を動かしたスペキュレーター

外為市場の歴史を見ると、それぞれの時代に有力な市場参加者がいたことは前節で述べた。そのような市場参加者には、各時代の有力な大手銀行も加わる。

彼らがなぜ注目されたかというと、彼らの市場での売買が為替レートの動向に影響を与えると思われたからだ。彼らの売買額は大きく、相場の判断も的確で、相場を動かすと思われた。そこで多くの市場参加者は彼らの動向に注意し、彼らの売買に追随した。それによって彼らの影響は増幅した。

興隆から衰退に至るメカニズム

例えば、92年のポンド危機のとき、ジョージ・ソロスのファンドはポンドの売りを浴びせた。ソロスのファンドが売ったことが伝わり、多くのディーラーもポンドを売った。通貨当局（イングランド銀行）はポンドを防衛するために買い支えたが、結局は支えきれずポンドはＥＲＭ（欧州通貨間の為替レートを一定の範囲内で変動させるための機構）からの離脱を余儀なくされた。

ソロスのポンド売りは大成功を収めた。ただし、これは追随して売ったディーラーが多かったからだ。ソロスは後に「通貨当局が１００億ポンド買うならば、自分も１００億ポンド売るつもりだった」と当時を回想しているものの、これは額面どおりに受け取れない。ソロスの力は、追随者があることで、もたらされたのであって、ソロスだけでは到底、通貨当局を打ちのめすことはできなかったはずだ。

このように市場での神格化が進むと、誰よりも早く彼の行動を察知することが、市場参加者の関心の的になる。早ければ早いほど、有利なポジションを作れるからだ。そのうち彼の行動を予測して、実際に彼が行動する前にポジションを作ったり、時には彼が売買しなくても、彼が動いたとの情報が市場を駆け巡る。噂やデマが増える。

そして神格化された市場参加者が実際に売買をしようとするとき、市場はすでに動いてしまい、想定したレートよりも不利なレートで売買することになる。そのポジションを閉めるときも、市場は先回りをしてしまうため、不利なレートでポジションを閉めることになる。儲かるときは想定よりも小さく、損を出すときは想定よりも大きくなる。収益性は悪化する。

こうして最後は、市場に翻弄されてしまう。これが、有力な投機筋の興隆から衰退に至る一般的なメカニズムだ。

通貨当局の力

では、中央銀行の場合はどうだろう。中央銀行は相場を動かせるときもあるし、できないときもある。これまでの中央銀行による介入の歴史から判断して、介入が効果的であるための条件は、サプライズ、トレンドに合っていること、各国の協調体制の確立などがある。

介入の最初の一撃は、効果的なことが多い。予期せぬ介入で市場参加者が驚き、慌てるからだ。しかし、何度も介入をすると、市場参加者は介入のパターンを読むようになる。どのくらいのレートを目標に介入をやっているか、どの程度の金額をやるか、それまでの介入がどの程度効果的だったか、などが分かると、市場参加者は介入に対して準備をするようになるからだ。

プラザ合意のときの介入額や頻度は、その効果に比べて市場の思っていたよりもはるかに少なかった。それはドルの下落局面での売り介入だったからだ。背中を少し押してやっただけだ。後は市場の力で、ドルは坂を下って行った。それに対し、トレンドと逆の介入は力任せの介入だから、介入を少しでも緩めると元に戻ってしまうことが多い。

介入は一国の「単独介入」よりも、各国が問題意識と行動を共にする「協調介入」のほうが効果的だ。協調介入の場合、米国が加わるかがポイントになる。

なお、介入はその国の市場で行うのが一般的だが、他国の市場で行うこともある。その場合、その市場を管轄する中央銀行に依頼するのが普通だ。例えば、日銀が東京市場だけでなく、ニューヨーク市場でも介入する場合、ＦＲＢに介入を依頼する。ＦＲＢは日銀に代わって介入の実務を行うが、資金は自己資金でなく日銀の資金を使う。これを「委託介入」と呼ぶ。

一方、協調介入では、各国が自らの資金を使ってそれぞれの市場で介入する。それだけ各国のコミットメントが強く、問題意識の共有度が高い。

4. ディーリングに方法はあるか

絶対的な方法はない

ディーリングの方法は一般的には、ファンダメンタルズ分析をベースにしたもの、テクニカル分析をベースにしたもの、取引のフローを重視するもの、それに経験から生まれた勘もある。とは言っても、それぞれの方法において、その内容は多様だ。方法はいろいろあり、絶対というものはない。

テクニカル分析でも、コンピューターを使ったシステムトレードから、自分でグラフにチャートを描いて売買を判断する方法もある。複雑なものが良くて、シンプルなものが悪いということもない。言えることは、どんな方法も、市場に合わせて改良を加える必要がある点だ。これまで通用していた方法が、来年は通用しなくなることもある。それにディーラーは誰も、自分のパフォーマンスを向上させたいと願っている。

銀行のディーラーやヘッジファンドなどの投機家の間では、テクニカル分析を利用している者のほうがはるかに多い。ファンダメンタルズ分析を利用しているディーラーでも、利食いや損切りはチャートポイントなどを意識して売買するものは多い。

経験も方法の一つ

経験も重要な要素だ。もちろん、経験の長いディーラーが、経験の浅い者よりも、ディーリングの成績が良いとは限らない。だが、いろいろな失敗を体験したり、多くの局面を見てきたものでしか、できない相場判断もある。

例えば、ある出来事に対する相場の反応について、過去に同様の出来事に対する相場展開を学習しているディーラーは、素早い相場判断ができる。また噂が相場を動かすときのポジションの作り方と閉じるタイミングの判断も、経験がモノをいう。情報が相場に折込済みかの微妙な判断も経験でしか測れない。

だが、その一方で、為替の世界でもＡＩ（人工知能）でコンピューターが相場の判断をして売買する額が増えている。多くの取引を処理できるし、疲れることもない。平均的なディーラーならば、コンピューターのほうがいいのかもしれない。

ただ相場が急変したときなどに、うまく対応できるかは疑問だ。今後この分野はどんどん進化するだろう。しかし結局、優秀なディーラーにはかなうまい。将棋の世界でさえ、コンピューターと人との実力差は縮まってきたが、トップクラスのプロ棋士にはまだ勝てない。相場の世界では、恐怖や熱狂も変動の一要素だ。その判断は優秀なディーラーのほうが的確だ。

第1部で紹介した人々の方法はそれぞれだが、彼らがコンピューターに負けることはないと信じる。それは彼らの経験をコンピューターが学習するのには相当な時間がかかると思うからだ。

5. 東京外為市場の変遷

73年に変動相場制に移行してから、東京外為市場の規模は今日まで飛躍的に拡大してきた。それは世界の外為市場の発展のなかに組み込まれたものである。ここ10年余りのＢＩＳの統計を見ても、東京市場の外為取引高は、１日平均１６１０億ドル（95年4月）から２３８０億ドル（07年4月）に増加した。同期間の世界の市場での取引高は、１日平均１兆５７００億ドルから３兆９９００億ドルへと倍以上に拡大した。

東京外為市場の変遷を見る場合、次の四つの視点から考察することが有効だ。「規制緩和」「国際化」「テクノロジーの発展」「世界のイベント」の四つである。

①規制緩和

そもそも外国為替管理法（正式には「外国為替および外国貿易管理法」）では対外取引は原則禁止されていた。つまり為替取引は禁止されていたわけだ。例外が貿易取引に関する為替取引と、一定の限度額内の送金などの貿易外取引であった。

こうした為替取引を管理するため、政府は銀行にすべての為替取引を集中させた。外国為替公認銀行（為銀）だ。銀行側から見れば為替取引業務を独占的に行うことができる代わりに、政府が行うべき管理業務を請け負うことで事務コストを負担した。いわゆる「為銀主義」である。

このように一般の企業や個人は、限られた為替取引のみが許された。銀行には持ち高規制が課せられ、一定の限度額以上のポジションを持ち越すことは制限された。市場や銀行の経営が混乱することを抑止するためと考えられた。

さらに外貨を借り入れて円に換える額も制限された。この「円転規制」は外貨調達能力の高い在日外銀が、日本で円の貸付業務をすることを制限するものでもあった。

80年になると、外国為替管理法の一部が改正され、対外取引は原則自由になったが、事前許可や届け出が多くあり、実質的な自由化には遠かった。それでも一部の資本取引が自由化されたことで、米国債を買うためのドル買いなどの為替取引が増えた。

84年には実需原則が撤廃され、為替取引は商業取引の裏付けがなくてもできるようになった。つまりサヤ抜きを目的とした投機的取引も自由に行えるようになった。こうして企業の為替取引の1回の取引額も総額も急増した。

それに合わせて、従来ブローカー経由でしか取引をしていなかった銀行間の取引に、直取引が加わった。銀行同士が直接行う取引だ。これによって銀行は顧客との多額の取引のカバー取引を円滑に行えるようになった。

銀行の持ち高限度額や円転規制の額も増額されていき、ついには、これらの当局の規制は廃止された。

80年代後半に東京市場の取引が急増したのは、こうした一連の規制緩和が大きな要因となった。

しかし、90年代になると、バブル経済の崩壊もあり、顧客為替取引が減少し、それに伴い邦銀の銀行間取引の伸びも鈍化した。さらに外資系の金融機関のなかには、アジアのセンターを東京から香港、シンガポールに移す動きが顕著になった。

東京と比べて香港やシンガポールの税制やコスト面などでの優位性が注目されたからだ。

こうした東京市場の低迷を打開するため、98年に外国為替管理法を大幅に改め、新外為法（「外国為替および外国貿易法」）が制定された。新外為法では、内外の資本取引は完全に自由化され、為銀主義は廃止された。

以降、外国為替取引は誰が誰と行ってもよくなり、外国為替証拠金取引業者（FX業者）などが新しく参入した。これによって個人が新しい市場参加者として台頭する道が開けた。また企業はグループ内で為替ポジションのネッティング（相殺）を行えるようになり、外為取引に付随するコストの低減にも繋がった。

②国際化

外国為替市場はグローバルな市場だが、欧米金融機関の主戦場であるロンドンやニューヨーク市場が最初からリードする形で発展してきた。取引ルール、用語、為替商品の開発、トレーディングのインフラなども含めて、東京市場は欧米市場から学び、それらを導入することで発展してきた。それが国際化であった。

70年代後半から80年代前半にかけて、多くの外資系金融機関が日本に進出した。戦前から支店を持つシティバンクなど大手米銀などを含めて、70年代はインパクトローン（使途の制限のない外貨貸し）が外銀の主な業務だったが、80年代になると、外銀の主要業務はディーリング業務に転換した。

外銀では欧米の市場で経験を積んだディーラーを東京市場に送り、欧米流のディーリング方法を導入すると同時に、日本人ディーラーの育成をして、東京市場の発展に備えた。

規制緩和の進展は、欧米並みの市場ルールに近づける試みであり、国際化の歩みと重なる。84年の日米円ドル委員会は、東京市場の国際化、自由化を進める契機となった。大口預金金利の自由化、円転規制の撤廃、さらに実需原則の撤廃などは、この流れをくむものだ。スポットの受渡日や、取引時間も他市場に合わせた。従来スポットの受け渡しは翌日であったが、翌々日になった。午前9時から12時、午後1時30分から3時の取引時間は廃止された。

80年代前半に通貨オプションが東京市場に紹介されたのも外資系銀行を通じてだった。その後デリバティブが「派生商品」と訳され、オプション、スワップ、先物などが組み合わされた商品を外資系金融機関は日本の企業に売った。日本の金融機関は、商品のリスクマネジメント力に乏しかったため、外資系金融機関の開発した商品を自分の顧客に販売した。

80年代後半には円高と低金利を背景に日本の金融機関は収益を拡大し、ディーリングルームを拡充した。国内市場にとどまらず、海外市場でのビジネスも積極的に展開した。この時期、邦銀の為替取引量は飛躍的に拡大し、東京市場はニューヨーク市場に追いつき、ロンドン市場に次ぐ世界第2の市場規模になるとの期待も生まれた。

だが、90年代になると国際化の歩みは停滞する。バブル経済崩壊のなかで、邦銀はバランスシートの圧縮、コスト削減を余儀なくされ、内外のディーリングルームが縮小された。市場の成長が止まると、東京市場に付随する賃貸料、人件費などの高コスト体質や税制などのインフラ面で使い勝手の悪さに目が向けられた。一部の外資系金融機関もディーリングルームの縮小や、他のアジア市場への移転を実行した。

在日外銀のなかには、日本人ディーラーを減らし、外国人ディーラーを増やす動きも目立った。顧客の為替に依存していたディーラーは、顧客ビジネスが減少することでディーリングの拠り所を失い、十分な成績を上げられなくなったからだ。

東京市場での銀行間取引で、90年代前半には在日外銀の取引量が邦銀を上回った。そして90年代後半には顧客取引量においても在日外銀が邦銀を凌駕することになった。

東京市場は日本の銀行の主戦場である。そこで外銀の支店に外為取扱量で劣るのは残念だ。ニューヨーク市場では米銀が、ロンドンでは英銀が、外為取扱量では外銀を上回る。

これが「ウィンブルドン現象」であればいい。つまり、日本の当局が積極的に外資系金融機関の東京市場進出を促し、ロンドン市場のように市場全体が伸びた結果であればいい。しかし、90年代に邦銀の外為取引量のシェアが減ったのは、日本の金融機関の地盤沈下が原因であった。これは東京市場全体の相対的な地位の低下につながるものだった。

こうした傾向は00年以降も続き、07年のＢＩＳの調査で東京市場は、スイスに抜かれ世界第４位の市場に転落した。しかも５位シンガポール市場との差もわずかだ。この10年余りで東京市場のシェアは10％から６％へと低下した（95年と07年の比較）。

この現実が国際化の結果であるならば、日本は国際化の敗者に甘んじていることになる。

③テクノロジーの発展

外為取引では即時性、確実性、検証性、それに事務コストの軽減が求められてきた。取引規模が拡大するにつれ、その必要性は増していく。それに応えるように通信手段や情報機器の進化があった。それがまた外為市場の発展に大きく寄与した。

当初、外為取引は電話とテレックスが使われた。国内ブローカー経由の銀行間取引では電話が、海外のブローカーや銀行との取引では主にテレックスが使われた。国内の銀行間直取引では電話が使われた。国内の顧客との取引は電話で行われた。

電話は即時性に優れているが、言い間違いや聞き違いもあり、検証性に問題があった。テレックスは取引の証拠が残る点ではよいが、テレックスオペレーターが必要であり、ディーラーの指示で動くので、スピードやコスト面で満足するものではなかった。

80年代後半になると、ロイターのディーリングシステムが導入され、ディーラーは画面を見て自分の端末から直接、他の銀行と取引することが可能になった。これで即時性、検証性は格段に向上した。ただロイターのディーリングシステムの導入はコストがかかるので、導入先は銀行に限られた。顧客との取引は依然として電話が主であった。

90年代になると、電子ブローキングシステム（EBS）が導入された。従来は銀行ディーラーが電話でブローカーに注文を出して、ブローカーの人間が取引を仲介していた。EBSでは、銀行ディーラーが注文を端末からインプットするとコンピューターが取引を仲介する。

ＥＢＳは間違いもなく、取引手数料も安いことから、外為取引のシェアを伸ばした。その結果、従来のブローカー各社の大半は市場から退出した。

00年になると、インターネットが外為取引でも広く使われるようになった。銀行と顧客との取引に使われたり、複数の金融機関が共同で開発した外為取引のプラットホームも出現した。

最近の動きでは、ディーラーの仕事である売買の判断やポジションの管理をＡＩ（人工知能）を使ったシステムに任せる金融機関もあり、銀行間取引の主たる手段のＥＢＳでも、そうした取引が増加している。

外為市場の拡大に不可欠なテクノロジーの発展は、仲介業務を人から奪い、平均的なディーラーをも市場から駆逐しようとしている。

④世界のイベント

24時間いつでも取引できるグローバルな外為市場では、世界のイベントは直ちに東京市場に影響する。世界のイベントがあるとき、東京市場にも世界中の市場参加者が殺到する。したがって市場は活性化する。それが市場の発展に弾みをつけることも少なくない。それまでの相場の動きが反転したり、加速したりして大相場になることが多いからだ。

変動相場制移行後の70年代では、78年にカーターショックがあった。それまでのドル安トレンドが大きく反転した。東京市場でも傷ついたディーラーは多く、組織的にはリスク管理の見直しを迫られた金融機関もあった。

さらに79年の第二次オイルショックが円安に拍車をかけた。一方、オイルダラーが偏在する中東諸国がドル資産の分散化を図り、ドルが急落する場面もあった。中東パワーが市場で注目され、各国の金融機関がこぞって当時の中東の金融センターであるバーレーンへ進出した。一部の邦銀や在日外銀の間で、中東通貨の取引が活発に行われた。新興市場国通貨取引のはしりだ。もっとも当時「新興市場国」という用語はなかった。

80年代になると、米国の高金利ドル高政策で、世界の資本が米国市場に集まった。

市場では米国の金利政策に注目が集まり、毎週発表のマネーサプライの指標が相場を動かした。指標が発表される日は東京市場のディーラーも、ニューヨーク市場の後場まで相場を追った。各行でナイトシフトやナイトデスクができたのは、こうした背景があったからだ。

レーガン狙撃事件や大統領死亡の噂でドルが何度か急落した。レーガン政権2期目は、経常収支の赤字を解消するため、政策を転換し、ドル高是正策を採った。85年のプラザ合意でG5各国がドル高是正に合意してから、東京市場でも明確なドル下落トレンドが続いた。為替取引高は拡大し、金融機関の収益は大幅に増加した。これまでの外為市場の歴史のなかで、最も収益を上げやすかったときであり、ほとんどのディーラーが市場の黄金期を謳歌した。

ドル相場が十分下落したと判断した各国は、87年のルーブル合意で、ドル相場の現状維持を確認した。しかしルーブル合意の効果はなく、ドルはその後もさらに下落した。勝ち癖のついた多くのディーラーがこの流れに乗った。

90年代前半には、92年欧州通貨危機、94年メキシコ通貨危機と通貨危機が続き、日本にも影響した。こうした危機をとおして、ドル安円高の種が蒔かれたからだ。その芽が大きくなり、95年にドル円相場は、東京市場で史上最高値の79円台を付けた。

こうした局面で、バブル経済の崩壊で勢いを失い始めた日本の市場参加者に代わり、世界の外為市場で暴れ始めたヘッジファンドなどの海外の市場参加者が、東京市場でも活発に取引を繰り返した。

90年代後半には、97年アジア通貨危機、98年ロシア金融危機、同年ＬＴＣＭの破綻と大きなイベントが続いた。こうした局面で、在日外銀のなかには欧州通貨やアジア通貨のリスクを積極的に取るところもあったのに対し、邦銀は総じて控えめだった。ＬＴＣＭ破綻のときも、東京市場の主導権を握ったのは、ヘッジファンドや外銀のディーラーたちであった。

こうした内外の金融機関の市場に対する取り組み姿勢の違いは、新興市場国についての市場調査力とリスク管理能力の差から生まれたものだ。ただし、これは欧米の金融機関の正しさを証明するものではない。一連の危機で多額の収益を手に入れた欧米の金融機関もあれば、巨額の損失を被ったのも欧米の金融機関であったのだ。

01年の同時多発テロでは、こうしたイベントでは珍しく市場取引は減った。為替取引どころではないという心理が市場を覆ったことと、決済システムのリスクを考慮した米当局が、各国に取引を控えることを要請したからだ。

03年から04年3月にかけて、円高のデフレ効果を防ぐため、日銀は巨額介入を続けた。03年は約20兆円、04年は3カ月で約15兆円の介入資金を使った。介入金額の大きさもさることながら、特定の銀行を使った介入方法は、市場の公正さを歪めた。日本が中国と同様に、たびたび為替操作国として非難される原因を作ってしまった。

07年のサブプライム危機では、市場にリスク回避の動きが広がり、それまで積み上げられた円のキャリートレードの巻き戻しが起こった。このため東京市場での取引量も増加した。

1970年代の大イベントと東京外為市場

前半

ニクソンショック
スミソニアン合意
変動相場制移行

実需中心
商社、石油会社、自動車会社
東京銀行中心
銀行ポジションリミット、小さい
ローカル市場

後半

カーターショック
第２次オイルショック

外銀進出
インパクトローン（外貨貸し出し）中心
外銀円転規制
外人ディーラー
テレックス
ロイターモニター

1980年代の大イベントと東京外為市場

前半

レーガン大統領狙撃事件
レーガノミクス、強いドル、高金利

第1次外為法改正、資本取引一部自由化
実需原則撤廃
銀行間直取引開始
スポットの受渡日が
　　翌日から翌々日に変わる
日米円ドル委員会、金融の自由化
外銀ディーリング業務強化
通貨オプション取引開始

後半

プラザ合意
ルーブル合意

生保、信託銀行、証券の日本勢海外進出
東京市場の台頭、世界第2位の
　　ニューヨーク市場に迫る
邦銀ディーリングルーム拡充
ロイターディーリングシステム

1990年代の大イベントと東京外為市場

前半

バブル崩壊
ソ連クーデター
イラクのクウェート侵攻、湾岸戦争
欧州通貨危機、ポンド危機
メキシコ通貨危機

ヘッジファンド
EBS（電子ブローキングシステム）導入
邦銀本店の銀行間取引額
在日外銀を下回る

後半

アジア通貨危機
ロシア金融危機
LTCM破綻

東京市場の空洞化
外銀拠点を香港、シンガポールへ
超円高
日本の証券、銀行の相次ぐ破綻
ジャパンプレミアム
不良債権累積
新外為法、為銀主義撤廃
日本版ビッグバン
EBSシェアを伸ばす
ルービンショック
外銀支店の顧客為替取り扱いが
邦銀本店を上回る

2000年代の大イベントと東京外為市場

同時多発テロ
サブプライムローン危機、信用収縮

インターネットトレーディングの普及
個人の台頭、主婦パワー
円キャリートレード
日銀巨額介入
東京市場の規模世界第３位の座を転落

インタビューを終えて

この本の成否は、インタビューするディーラーの人選と、彼らからいかに本音を引き出せるかにかかっていた。

ディーラーが、自分の方法を明らかにするには、それ相当の理由がなければならない。また過去の大失敗など自分の都合の悪いことを語りたくないのは自然の感情だ。たとえ語ろうとしても、記憶の中に深く封じ込められて、言葉になってくみ上げることが不可能になっているかもしれなかった。

だが実際は杞憂であった。ほとんどの人は、自分のありのままの姿を語ろうとしてくれた。こちらがそこまでは語らなくても、と思うほど不名誉なことまで語ってくれた人もいた。これには正直驚いた。

後でよく考えてみると、その人はそれほど自分のキャリアに自信を持っているからだと悟った。真の実績と自信のあるディーラーは、過去の不名誉なことを語ることを恐れない。

それでも、なかには無償で、好意で、答えてやっているのに、何と失礼な質問だと腹を立てた人もいるかもしれない。きっとそうだ。私が逆の立場だったらどうだろう。インタビューを途中で打ち切ったかもしれない。

しかし、彼らのほとんどは、我慢強く質問に答え続けてくれた。実績のあるディーラーはプライドばかりでなく、我慢強さも備えていることも分かった。

とにかくリアリティーを大切にして、市場の真実の姿を伝えたい。そこに参加する人の真の姿を描きたい。東京市場の歴史の各局面で、何を見て、どう考え、いかに行動したかを伝えたい。そのことが、記録としての価値を生むし、多くの為替に従事する人や今後為替に携わる人の貴重なアドバイスになる。このような思いで始めた作業は、ほぼ期待どおりに進んだと自負している。

なかには今回初めて明らかになった事実もあるし、これまでの通説とは異なった見解が提示された部分もある。その点では貴重な時代の証言でもある。

この本はけっしてディーラーの成功物語や失敗物語ではない。それはインタビューの内容を文章にする過程で確信した。市場というとらえきれない怪物に対して、それぞれが自分の知恵や経験を武器に闘い続けた、それぞれの内面の告白録であると同時に、闘いの方法論でもあるのだ。

私も、彼らと同様市場にかかわってきた。同時代に同じ土俵で闘った者がほとんどだ。そのときは競争相手であり、彼らの方法や経験を聞く機会もなかった。それゆえ共感することもなかった。

しかしインタビューを終えて、彼らと私は同じ「市場」という母なる大地に抱かれた兄弟だと思った。改めて為替ディーラーを好きになった。その点で、本を書くという目的以上のものを、彼らは私に与えてくれた

今回インタビューに応じてもらった諸兄に尽きない感謝を表明するとともに、為替に携わるすべての人たちに心から親愛のエールを送ります。

２００８年１月　小口 幸伸

用語集

アウトオブザマネー（OTM）

オプションの権利行使価格（ストライクプライス）が市場価格である為替レートよりも不利な状態のオプション。プレミアムには時間価値しか付いていない状態のこと。例えば、権利行使価格100円の「ドル円コール（ドルコール円プット）」の場合、市場の為替レートが1ドル＝95円であれば、このオプションのプレミアムには、時間価値しかない。

アセットマネジャー

資産運用者。近年、外国為替を資産運用の対象として積極的に取引をしている。

アットザマネー（ATM）

オプションの権利行使価格（ストライクプライス）が市場価格である為替レート

と等しくなっているオプション。

インザマネー（ITM）

オプションの権利行使価格が市場価格である為替レートよりも有利な状態のオプション。プレミアムには本質的価値に加え時間価値が付いている。例えば、権利行使価格100円の「ドル円コール（ドルコール円プット）」の場合、市場の為替レートが1ドル＝105円であれば、このオプションのプレミアムには5円の本質的価値がある。

インターバンク市場

銀行間市場のこと。外国為替市場は証券取引所のように取引所に監督された物理的な場所ではない。コンピュータ端末や電話で結ばれた「通貨交換のネットワーク」である。そのネットワークの根幹となるのが、大手銀行間で取引するインターバンク市場だ。そこでのレートを「インターバンクレート」と呼ぶ。

インターバンクディーラー

インターバンク市場で為替レートの値付け（マーケットメーク、建値）をしたり、カバー取引を主にするディーラーのこと。そのほか顧客に市場情報を伝えたり、助言をするのと同時に顧客との取引を実行する「カスタマーディーラー」、為替差益を狙ってポジションを専門に操作する「プロプライアトリーディーラー」がいる。

オーバーナイト（ポジション）

翌日に持ち越すポジション。資金市場でオーバーナイトというと、当日から翌日にかけての資金のこと。オーバーナイトコール。為替スワップでのオーバーナイトは、当日と翌日のスワップを指す。オーバーナイトスワップ。

オファー（レート）

売値のこと。その通貨をいくらで売るか相手が提示している価格。市場では「107.10–20」のようにビッド（左側の値）とオファー（右側の値）は対になって動く。

オプション

売る権利（プット）もしくは買う権利（コール）のこと。

本書でいうところの「オプション」は、株価指数オプションや個別株オプションのように取引所に上場されている金融商品ではなく、インターバンク市場もしくは銀行と顧客の間で取引されている通貨オプションである（「通貨オプション」の項参照）。

外貨建て

1円＝0・0090074ドルなど、自国通貨の1単位を外貨で表示する方法。「他国通貨建て」ともいう。外国通貨1単位を自国通貨で表示する方法は、自国通貨建てという。1ドル＝107・07円など。

インターバンク市場では米ドルを中心に、1ドル＝107・07円のようにレートが表示されている。ただし、ポンドや豪州ドルなど英国連邦の通貨では1ポンド＝1・98ドルとドル建てで表示される通貨が多い。これはかつてポンドが世界の基軸通貨であった名残といわれる。また、ユーロはさらに中心通貨として扱われており、1ユーロ＝0・74ポンド、1ユーロ＝1・46ドルのように表示される。

カバー取引

為替の売買ポジションをスクェアー（買いと売りを均等）にする取引のこと。銀行は通常、顧客や銀行との取引で生じたポジションから生じる為替リスクを回避するため、市場で反対取引をしてポジションを消す。インターバンク市場の取引の大半をカバー取引が占める。

カレンシーオーバーレイ

外貨建て資産の運用をする場合、外貨建て資産そのものと為替を切り離し、為替部分の管理を専門業務とすること。この「管理」には積極的に為替差益を追求するものと、為替レートの変動をヘッジすることに主眼を置いたものがある。輸出入の為替管理を外部の専門家に任す場合もある。

ガンマ

オプション取引のリスク指標のひとつ。為替レートの変化に対するデルタの感応度を示す。ガンマはアットザマネーのオプションで最も大きく、インザマネーやアウトオブザマネーにいくにしたがって小さくなる。

キャリートレード

金利の低い通貨で借り入れ、それを売って比較的金利の高い通貨の金融商品に投資する取引。例えば、低金利の円で借り入れ、円を売って金利の比較的高いドル建ての債券を買うような取引である。

為替レートが円安ドル高になれば、金融商品の値上がり益だけでなく、為替差益も狙えるため収益性は高い。しかし、世界経済の動向しだいでは、為替レートが逆に動き、金融商品の値下がりに加えて為替差損も被る可能性がある。

98年のＬＴＣＭの破綻のとき、キャリートレードポジションの解消の動きが注目された。

協調介入

複数の中央銀行が同じ時期に、それぞれの自己資金で市場介入すること。各国が問題意識を共有しないと実現しない。一国だけの介入は単独介入。

委託介入では、他国の中央銀行に頼んでその市場で介入をしてもらう。その場合、介入の実務はやってもらうが、介入資金を提供する。問題意識の共有具合でそれぞれの介入方法が選択される。２００３～04年にかけての日本の巨額の介入は単独介入。

固定相場制

１ドル＝３６０円のように為替レートを固定している制度。ただ、固定相場制といっても、かつて1ドル＝３６０円の時代、実際には３６０円を中心に上下１％の変動幅があったように、狭い範囲での変動はあった。日本はスミソニアン体制（23ページ参照）の崩壊で、１９７３年に変動相場制に移行した（ただし、00年代前半の日本銀行の度重なる介入から「管理変動相場制」のほうがふさわしいのではないかという意見もあった）。

先物

本書でいうところの「先物」は株価指数先物や債権先物のように取引所に上場されている先物商品(Futures＝フューチャーズ)のことではない。直物を越える日(2営業日以降)に行われる先渡し(Forward＝フォワード)の為替をさす。

例えば、通貨の受け渡し(決済)を1カ月後や6カ月後に行う為替取引のことを「先物」という。そのときに適用されるレートが先物レートである。

先物為替予約

顧客が銀行と行う先物の売買のこと。インターバンク市場では、スポットの日から数えて1カ月後、3カ月後のような一定の日(応答日)が期日の先物が取引されている。

それだけでなく、銀行は顧客の求めに応じて、不定期な期日(例えば1カ月と13日後)の先物レートを付けて(建値をして)いる。この場合、銀行はインターバンク市場で取引される1カ月先物と2カ月先物のレートを参考にしながら、1カ月と

13日後の先物レートを算出することになる。

直物レート

直物とは、契約した日から2営業日後に通貨の受け渡しをする（資金決済をする）為替のこと。その交換比率が直物レートである。一般に「為替レート」という場合、ほとんどがこの直物レートを指している。日本では「スポット」が一般的。

ショート

売ること、または売ることによってできたポジションのこと。レートが下がることで利益を上げることができる。またこの言葉は、売りポジションを保持している状態を指すこともある。

スペキュレーション（投機）

為替レートの目先の変動をタイミング良くつかんで差益を狙う取引のこと。外為市場での取引の9割以上はスペキュレーションだ。

スペキュレーター（投機家）

スペキュレーションをする市場参加者のこと。市場の流動性を増すことに寄与することで市場の発展に不可欠な存在。それにより、いつでも為替取引が可能な市場が成立する。

スプレッド（ビッドとオファーの）

ビッド（買値＝買い取り価格）とオファー（売値＝販売価格）の差のこと。通常のＦＸ業者にドル円のレートを聞いた場合、例えば「１０７・２０―２２」とビットとオファーを同時に提示してくるはずだ（これを2ウェイプライスという）。

これはビッドが１０７・２０円で、オファーが１０７・２２円であることを意味している。つまり、自分は１０７・２０円で手持ちのドルを売ることができるし、１０７・２２円でドルを買うことができるというわけだ。この差の２銭がスプレッドである。

一般的に、多くの市場参加者が取引に参加するほど、スプレッドは小さくなる。ただし、大きな事件が発生したときや、介入などで相場が荒れたときなど市場参加者がリスクに敏感なときは、スプレッドが拡大することがある。

スポットレート

「直物レート」参照。

スワップ取引

直物（スポット）を売ると同時に先物（フォワード）を買う、あるいは直物を買うと同時に先物を売る、または異なる期日の先物の売りと買いを同時にする取引のこと。金利スワップなど、ほかのスワップ取引と区別するため「為替スワップ」とも言う。

直物レートと先物レートの差を「スワップレート」または「直先スプレッド」と

いう。例えば、直物のレートが107・10―15円で、6カ月先物のレートが106・10―20円の場合、マイナス1・00円が「直物売り＋6カ月先物買い」のスワップレートであり、0・95円が「直物買い＋6カ月先物売り」のスワップレートとなる。これが6カ月のスワップのビッドとオファーレートである。

このスワップレートは、基本的に二つの通貨の金利差である。

インターバンク市場は、直物の市場とスワップの市場で構成されており、先物レートは直物とスワップレートから導き出される。

チャートポイント

チャート上に現れる売買ポイント。例えば、トレンドラインを引いて、レジスタンス（抵抗＝相場の上昇が繰り返しそこで押し戻されるだけの売り圧力があると見える）ポイントと、サポート（支持＝相場の下落が繰り返しそこで押し返されるだけの買い圧力があると見られる）ポイントを探し、そこを相場の転換点としてめぼしをつけること。

通貨オプション

約束の期日（満期日）に、あらかじめ決められた単位の通貨を、あらかじめ決められたレートで売る（もしくは買う）「権利」のこと。通貨を買う権利を「コール」。通貨を売る権利を「プット」といい、それぞれを売買することができる。

例えば、3カ月物で金額10万ドルの権利行使価格1ドル＝100・00円のコールを2・00円のプレミアムで1単位買ったとする。3カ月後に為替レートが1ドル＝105・00円と円安になっていれば、権利行使をして1ドル＝100・00円でドルを買えばよい。すると50万円（＝5・00円×10万通貨）の粗利益となる。ただしコールの購入に支払ったプレミアム20万円（＝2・00円×10万通貨）があるので、差し引き30万円の利益となる。

権利を行使するかしないかはオプションの買い手の自由だ。例えば、先ほどの例で3カ月後に為替レートが1ドル＝95・00円であれば、単に権利を行使しなければよい。損失は支払ったプレミアムに限定される。

一方、オプションの売り手は相手が権利を行使すれば、それを実行する義務がある。その代わり相手からプレミアムを受け取ることができる。

通常、通貨オプションの場合、権利行使できるのは満期日だけで、これを「ヨーロピアンタイプ」のオプションと呼ぶ。対して満期日までの期間にいつでも行使できるオプションは「アメリカンタイプ」と呼ばれる。権利を行使できる機会が増える分だけ、アメリカンタイプのプレミアムは高くなる。

通貨ペア

ドル円、ユーロドル、ポンドドルなど通貨の組み合わせのこと。世界の外為市場ではユーロドルの取引が最も多い。東京市場ではドル円が圧倒的に多く、次いでユーロドルになる。

ディスカウント

先物レートが直物レートよりも安い状態。金利が高いほうの通貨は、低い通貨に対して先物でディスカウントになる。

デルタ

為替レートの変化に対するオプション価格の変化率をデルタといい「%」で表す。例えば「デルタ40%」とは、為替レートが1円動くとオプション価格は40銭変化することになる。

ヒット

業界用語では、市場にあるレートを売ったり買ったりする行為を「ヒットする」という。売るときは相手のビッドレート（買値）を、買うときは相手のオファーレート（売値）をヒットする。

ビッド

買値のこと。その通貨をいくらで買うか相手が提示している価格。市場では「107.10-20」のようにビッド（左側の値）とオファー（右側の値）は対になって動く。

プレミアム

①オプションの価格（オプション料金）のこと。

②先物レートが直物レートよりも高い状態。金利の低い通貨は金利の高い通貨に対して先物プレミアムになる。

ヘッジファンド

投資家から資金を集め、さまざまなデリバティブを駆使して絶対収益を追求するファンド。元々は一つの資産に投資して、そのリスクをヘッジ（回避）するような取引を組み合わせた運用を特徴にしていた。今ではいろいろな運用ストラテジーを持つ。

変動相場制

為替レートが自由に動く制度。原則として市場での外貨の需要と供給によって為替レートが決まる。

ポジション

持ち高。買い持ち（ロング）、売り持ち（ショート）、スクェアー（買いと売りの額が均衡している）の3つがある。

ボラティリティ

為替レートの変動する割合のこと。過去の為替レートの動きを統計学的に算出した「ヒストリカルボラティリティ＝HV」と、オプションのプレミアムから逆算される「インプライドボラティリティ＝IV」がある。

IVは「将来価格がこれくらい変動するであろう」という市場の期待を暗示している。

マネーフロー

資金の流れのこと。資金循環。

モラトリアム

債権者が債務者に対して債務の返済を一定期間猶予すること。債務不履行。90年代には中南米諸国やロシアなどが債務の支払いを期限までできず、モラトリアムを宣言した。

リトレイスメント

チャートの押し目、戻りのこと。

レート

比率。外国為替レートとは、異なった通貨を交換するときの比率のこと。

ロング

買い、または買うことによってできたポジションのこと。相場が上昇することで利益を得られる。また、買いポジションを保持している状態を指すこともある。

【著者紹介】

小口幸伸（おぐち・ゆきのぶ）

1950年群馬県生まれ。横浜国立大学経済学部卒。シティバンクでチーフディーラー等、ナショナルウエストミンスター銀行で国際金融本部長を歴任。現在は、通貨・国際投資アナリストとして活躍。著書に『＜入門の金融＞外国為替のしくみ』（日本実業出版社）、『ディーラーが明かす為替市場の素顔』（金融財政事情研究会）、『人民元は世界を変える』『外為市場血風録』（いずれも集英社新書）がある。

2008年 3 月 9 日 初版第 1 刷発行

PanRolling Library ⑫

FX市場《しじょう》を創《つく》った男《おとこ》たち

――外国為替市場の歴史とディーラーたちの足跡

著　者　小口幸伸
発行者　後藤康徳
発行所　パンローリング株式会社
〒 160-0023　東京都新宿区西新宿 7-9-18-6F
TEL 03-5386-7391　FAX 03-5386-7393
http://www.panrolling.com/
E-mail　info@panrolling.com
装　丁　パンローリング装丁室
印刷・製本　株式会社シナノ

ISBN 978-4-7759-3048-9

マーケットの賢人に学ぶ

マーケットの魔術師
著者　ジャック・D・シュワッガー
定価　2800円＋税

米トップトレーダーが語る成功の秘訣。これほどの成功者がいたのかということを世に知らしめた世界中から絶賛された名著中の名著。

新マーケットの魔術師
著者　ジャック・D・シュワッガー
定価　2800円＋税

投資で成功するにはどうすればいいのかを17人のスーパートレーダーが洞察に富んだ示唆で教授。成功を願う投資家にとって、必読の書である。

マーケットの魔術師　システムトレーダー編
著者　アート・コリンズ
定価　2800円＋税

市場に勝ったトップトレーダーたちがメカニカルトレーディングのすべてを明かす。読者のトレードが正しい方向に進む手助けになるだろう！

マーケットの魔術師　株式編　増補版
著者　ジャック・D・シュワッガー
定価　2800円＋税

各トレーダーが長引く弱気相場にどう対処したのか、詳細なフォローアップインタビューと共に紹介。

マーケットの魔術師　大損失編
著者　アート・コリンズ
定価　2800円＋税

スーパートレーダーたちは大損失を喫したときに、どのような対処をしたのか。彼らの経験から学ぶことはもっとも有益な学習になるだろう。

江戸の賢人に学ぶ相場の「極意」
著者　清水　洋介
定価　1400円＋税

相場に対する考え方は今も昔も変わらない。本書は賢人2人の言葉を、現代の相場に当てはめて解説。

世界が舞台のFX市場

FXトレーディング
著者：キャシー・リーエン
定価：3800円＋税

世界最大の市場である外為市場特有の「おいしい」最強の戦略が満載！　テクニカルが一番よく効くFX市場を征服するには……。

実践FXトレーディング
著者：イゴール・トシュチャコフ（L・A・イグロック）
定価：3800円＋税

驚異的なFXサクセスストーリーを築き上げた手法は予測を排した高勝率戦略にあった。勘に頼らず、簡単明瞭な「イグロックメソッド」を公開。

為替サヤ取り入門
著者：小澤　政太郎
定価：2800円＋税

価格の「値幅」から収益を上げる究極の低リスク・ミドルリターン投資法であるサヤ取り（スプレッド）のポイントとは。

矢口新のトレードセンス養成ドリル
著者：矢口　新
定価：1500円＋税

本書は、自分の頭を使って考える相場の「基礎体力」をつけるうえで必要な理論とさまざまなケースを紹介。「基礎体力」をつけて相場の土台を作ろう。

DVD
テクニカル分析を徹底活用FXトレード実践セミナー
著者：鈴木　隆一
定価：2800円＋税

個人トレーダーが増えたFX市場について、本セミナーでは、テクニカル分析を融合した高確率なFXトレード法を解説。

DVD
スペシャリストが教える！豪華二本立て「FX即実践マニュアル」
著者：野村雅道／山中康司
定価：3800円＋税

金利を受取るスワップ取引や売買タイミングを捉える為替チャートで稼ぐ方法などFXが即、実践できるよう分かり易く解説。

トレードの上達に欠かせない心の鍛錬

トレーダーの心理学
著者：アリ・キエフ
定価：2800円＋税

トレーディングの世界的コーチが伝授する、成功するトレーダーと消えていくトレーダーの違いとは！

トレーダーの精神分析
著者：ブレット・N・スティーンバーガー
定価：2800円＋税

「メンタル面の強靭さ」がパフォーマンスを向上させる！　本書ではスキルアップの方法をはじめ、心の悩みと、その解決策について詳細に解説。

ゾーン
著者：マーク・ダグラス
定価：2800円＋税

恐怖心ゼロ、悩みゼロで、結果は気にせず、淡々と直感的に「するだけ」の境地、つまり「ゾーン」に達した者が勝つ投資家になる！その方法とは？

規律とトレーダー
著者：マーク・ダグラス
定価：2800円＋税

本書を読めば、マーケットのあらゆる局面と利益機会に対応できる正しい心構えを学ぶことができる。感情に左右されがちなトレーダー必読！

魔術師が贈る55のメッセージ
著者：パンローリング
定価：1050円＋税

巨万の富を築いたトップトレーダーたちの「座右の銘」に、ままならない今を抜け出すヒントがある。

NLPトレーディング
著者：エイドリアン・ラリス・トグライ
定価：3200円＋税

最先端の心理学である神経言語プログラミングが勝者の思考術を養う！　トップトレーダーの上昇思考モデルとは？